August Rohling

Der Antichrist und das Ende der Welt

Zur Erwägung für alle Christen dargestellt

August Rohling

Der Antichrist und das Ende der Welt
Zur Erwägung für alle Christen dargestellt

ISBN/EAN: 9783743475656

Hergestellt in Europa, USA, Kanada, Australien, Japan

Cover: Foto ©Lupo / pixelio.de

Weitere Bücher finden Sie auf **www.hansebooks.com**

Der Antichrist und das Ende der Welt.

Zur Erwägung für alle Christen dargestellt,

von

August Rohling,

Doktor der Philosophie und der Theologie,
Professor der Theologie vormals an der Akademie zu Münster,
jetzt am Salesianum bei Milwaukee.

St. Louis, Mo.

B. Herder, 19 südliche Fünfte Straße.

1875.

Inhalt.

Einleitung:
Anlaß. Curique. Pellegrino. Bossuet. Calmet. Walmesley. Kliefoth. Allioli. Erspectans. Clarus. Drach.

I. **Die Theologie vom Antichristen.**
 1. Der Antichrist ist eine einzelne Person. Die Centuriatoren. Calvin. Beza. Luther. Die h. Schrift. Die h. Väter.
 2. Die Zeit des Antichristen. Bellarmin. Suarez. Cornelius A Lapide u. A. Die „Ungewißheit des Tages" beim h. Matthäus. Die „letzte Stunde" des h. Johannes. — Der h. Paulus: Die h. Väter. Döllinger. Bisping. Talmud und Väter. — Der Prophet Daniel: Die h. Väter. Döllinger. Reischl. Ewald. Bunsen. Hitzig. Bertholdt. Porphyrius.

II. **Die Kirchengeschichte der Apokalypse.**
 1. Periode. Der Reiter auf weißem Roß, Hagel, Feuer, Blut. Sieg über die heidnischen Imperatoren.
 2. Periode. Das rothe Roß. Der brennende Berg im Meer. Die Zornesschale ausgegossen auf das Meer. Der Arianismus.
 3. Periode. Das schwarze Roß. Der Stern Wermuth fällt auf Flüsse und Quellen, auf die auch die dritte Zornesschale sich ergießt. Die Völkerwanderung. Nestorius, Eutyches. Gericht über Rom.
 4. Periode. Das fahle Roß. Verfinsterung der Himmelskörper. Die Zornesschale in die Sonne gegossen wirkt Hitze und Feuer. Muhamet. Photius. Rußland.
 5. Periode. Das Blut der Martyrer. Europa. Japan. China. Rußland. Luther empfängt den Schlüssel des Abgrundes. Die Heuschrecken des Protestantismus kommen in großen Schwärmen und mit schrecklicher Gefräßigkeit über die Erde; sie haben Kronen, auch eiserne Panzer und sind wie Streitrosse. Die Zornschale gießt Krieg aus, äußern wie inneren, die Apostaten zerbeißen sich die Zungen. Döllinger. Jörg. Walton.
 6. Periode. Finsterniß. Martyrer aus Juden und Heiden. Die Engel am Euphrat. Artillerie und Kaballerie des Antichristen. Das Thier und sein Prophet. Döllinger. Der Engel mit dem Büchlein auf Land und Meer. Drei Geister als Frösche. Der Reiter auf weißem Roß. Harmagebdon.
 7. Periode. Das Weltgericht. Die Sünder in der Blutkelter. Die selige Ewigkeit.

Der Antichrist und das Ende der Welt.

Eine auffällige Erscheinung der letzten Jahre ist das Auftreten zahlreicher Prediger, welche das Herannahen des Weltendes und der antichristlichen Schreckensherrschaft verkündigen. Ich rede nicht von Schwärmern, welche da und dort den 10. Mai 1850, den 15. August 1860 und andere Tage als die Zeit des großen Gerichts bezeichneten. Es sind vielmehr Personen von heiligem Lebenswandel und ruhiger Denkungsart, welche das kommende Jahrhundert als die Periode des Antichristen nennen. Ein französisches Werk unter dem Titel „Prophetische Stimmen von M. J. Curicque", 2 Bände in 5. Auflage, und ein englisches unter dem Titel „Die christliche Posaune von Pellegrino, Boston bei Donahoe, 2. Auflage", machen eine ganze Reihe solcher Personen namhaft; mehrere unter ihnen gehören bereits frühern Jahrhunderten an, alle aber erscheinen als Achtung gebietende Charaktere, welchen Niemand, der glaubhafte Zeugnisse der Geschichte zu respektiren gelernt hat, ein aufmerksames Ohr versagen kann. Dahin gehören die h. Hildegard, die h. Brigitta von Schweden, der sel. Barth. Holzhauser, die h. Katharina von Siena, die hochbegnadigte Schwester Nativitas, Katharina Emmerich, J. Lamarine, die außerordentlich anziehende Gestalt der sel. Bertina von St. Omer u. A. Zum Theil bezeichnen diese Stimmen des Nähern die erste Hälfte und noch bestimmter das erste Decennium des kommenden Jahrhunderts als die Tage des Menschen der Sünde, wie St. Paulus den Antichristen nennt. Dem offenbarungsgläubigen Christen drängt sich angesichts dieser eigenthümlichen Thatsachen das Bedürfniß auf, sich Rechenschaft zu geben, ob die eigentlichen Offenbarungsquellen der h. Schrift und Tradition in gleichem Sinne sprechen. Die folgenden Blätter sind zunächst dieser Untersuchung gewidmet. Zur Ergänzung, Bestätigung und Anwendung werde ich im zweiten Theil eine kurze Erklärung der Apokalypse des h. Johannes vorlegen. Denn dieses Buch ist eine Enthüllung über die Geschichte der Kirche Gottes von der Menschwerdung Christi bis zu seiner Wiederkunft als Richter der Welt. Bossuet und Calmet ausgenommen stimmen die katholischen Erklärer dieses Buches im Wesentlichen so vollkom=

men überein, daß man sich der Ueberzeugung nicht verschließen kann, der h. Johannes habe die Apokalypse nicht geschrieben, ohne den Seinigen zugleich den Schlüssel zum Verständniß derselben übergeben zu haben. Die Kirchenväter, die mittelalterlichen Theologen und die Schriftsteller der Reformationszeit erkannten mit voller Gewißheit die bereits einge= getroffenen Erfüllungen der Weissagung und nicht selten zeichneten sie wie der h. Hippolyt mit überraschender Genauigkeit in großen Umrissen die Art und Weise, wie noch nicht erfüllte Ereignisse sich entwickeln wür= den. Bossuet und Calmet verließen die Ueberlieferung, aber nicht aus bewußter Opposition, sondern weil sie im Kampf mit falschen Bibelaus= legern auf Gegenstände der Lehre allen Fleiß zu verwenden genöthigt waren und daher die Tradition über die Geschichte der Kirche, welche Johannes in der Apokalypse schrieb, nicht genugsam erforscht hatten. Der Zeitgeist war die Ursache, daß beide während vieler Jahre in Deutschland die Herrschaft hatten und selbst Männer wie Allioli u. A. zur Annahme ihrer Ansichten bestimmten; das an sich edle Streben nach Selbstständigkeit und Bestimmung der Dinge aus rein innern Gründen war durch das revolutionäre Princip des Protestantismus auch bei manchen Katholiken zu einer ungebührlichen Vernachlässigung des Alter= thums ausgeartet; vornehmlich die Apokalypse ist ein Beweis, daß man zahlreiche Texte nach den bloßen Möglichkeiten des Wortlautes deuten zu dürfen glaubte und ganz vergaß, daß die thatsächliche Meinung des Verfassers eine lediglich historische Frage ist, die sich nur durch Aussagen beglaubigter Zeugen lösen läßt, wo der Textlaut verschiedene Erklärun= gen zuläßt. So bedauerlich übrigens diese Connivenz auch ist, welche katholische Gelehrte oft unbewußt gegen die herrschende Zeitrichtung übten, so fehlte es doch nicht an besser unterrichteten Männern, die der Verwirrung entgegenwirkten. Während auf protestantischer Seite die Auslegung bis zur totalen Negation aller Prophetie fortschritt und Klieforh jüngst noch in einem ausführlichen Commentar die Geheime Offenbarung mit der Erklärung bedachte, daß sie gar keine Weissagung enthalte, trat Bischof Walmesley 1771 Bossuet und Calmet mit solchem Erfolg entgegen, daß ihre Anschauungen in England und den romanischen Ländern unter Katholiken keine tiefe Wurzel schlugen; sein Werk wurde seitdem in vielen Auflagen gedruckt, und die neuesten Ar= beiten in Frankreich von Abbé Drach u. A., in Deutschland von den Pseudonymen Exspectavi, L. Clarus u. A. zeigen genugsam, daß die richtige Erkenntniß sich immer weiter verbreitet.

1.

Die Theologie vom Antichristen.

1. Der Antichrist ist eine einzelne Person.

Bevor wir über die Zeit des Antichristen etwas ausmachen können, bedarf es der Untersuchung, ob der Antichrist eine einzelne bestimmte Person oder aber einen Thron, eine Dynastie, ein tyrannisches Reich, einen apostatischen Stuhl einer kirchlichen Obrigkeit bezeichne. Die Magdeburger Centuriatoren schreiben nämlich C. 1, l. 2, c. 4, es sei damit „ein ganzes durch falsche Lehrer mit Hülfe des Teufels erobertes Reich" gemeint, nämlich die römische Kirche mit ihrem Oberhaupt, dem Papst. Der h. Paulus lehre nämlich 2 Thess. 2, 7, daß der Antichrist schon damals zu wirken begonnen habe, als der Apostel lebte, zugleich aber, daß er am Ende der Welt erst werde getödtet werden. Beza zu 2 Thess. 2 schließt daraus, der Antichrist sei „keine einzelne Person", es sei denn, Jemand könne bezeichnet werden, der von Pauli Tagen bis zum letzten Gericht lebe." Aehnlich sucht auch Calvin inst. l. 4, c. 7, § 25 zu beweisen, der Antichrist bezeichne das Papstthum. Daß Luther nicht anders dachte, ist allbekannt. Beza führt als besondern Grund an, daß Dan. 7 unter den verschiedenen dort genannten Thieren nicht einzelne Könige, sondern ganze Reiche verstanden würden, und auch Paulus somit, der gar sehr mit Daniel übereinstimme, unter dem Menschen der Sünde 2 Thess. 2 nicht eine einzelne Person, sondern eine ganze Corporation gedacht haben müsse. Als weiteren Grund führt Calvin 1 Joh. 4, 3 an, wonach Jeder, welcher Christum leugnet, der Antichrist sei, der in die Welt kommen müsse und schon darin sei. Endlich sagt Calvin, daß nach 2 Thess. 2, 3 ein allgemeiner Abfall kommen werde, an dessen Spitze der Antichrist stehe, ein allgemeiner Abfall aber vereinige die Abtrünnigen zu einem großen Körper und Reiche und sei nicht ein Werk weniger Jahre, welches ein einzelner Fürst vollbringen könnte. Das sind die Gründe der Protestanten gegen die Ueberlieferung, welche eine einzelne bestimmte Persönlichkeit der Zukunft als den Antichristen bezeichnet. Es ist leicht darzuthun, daß diese Gründe haltlos sind und auf einem Mißverständniß und willkürlicher Verdrehung der biblischen Texte beruhen.

Der Schriftstellen über den Antichristen gibt es besonders fünf. Im Evangelium Johannes sagt der Herr: „Ich bin gekommen im Namen meines Vaters und ihr habt mich nicht aufgenommen; wenn ein Anderer kommt in seinem eigenen Namen, den werdet ihr aufnehmen." (Joh. 5, 43.) Diesen „Andern" versteht Calvin abermals von falschen Propheten im Allgemeinen, nicht von einem Einzelnen; Chrysostomus, Cyrill, Ambrosius, Hieronymus, Augustin, Irenäus, auch Theodoret und die Väter überhaupt vom Antichristen im gewöhnlichen Sinne. Diese letztere Auffassung ist aber wie die einzig historisch bezeugte, so auch die allein dem Text entsprechende. Denn Christus stellt sich einen andern Menschen gegenüber, nicht ein Reich einem Reich oder eine Secte einer andern, wie aus den Worten „ich, ein Anderer", „in meinem Namen, in seinem Namen" klar folgt; wie also Christus ein einzelner und bestimmter Mensch war, so muß es auch der Antichrist sein. Ferner sagt Christus hier offenbar, die Juden würden jenen Anderen, nämlich wie die Väter berichten den Antichristen, als ihren Messias aufnehmen; als Messias erwarten aber die Juden wie ehedem so auch jetzt eine einzelne bestimmte Persönlichkeit. Weiterhin kamen falsche Propheten stets im Namen eines Andern, nämlich Gottes, als dessen Boten sie auftraten, als wären sie wirklich von Gott gesandt, vgl. Jer. 14; jener Andere aber soll in seinem eignen Namen kommen d. h. keinen Gott über sich anerkennen, wie auch Paulus ja vom Antichrist sagt, er werde sich erheben über alles, was (mit Recht oder Unrecht) als Gott von den Menschen angesehn wird. Endlich traten vor und nach Christus viele falsche Propheten auf; wollte der Herr von diesen reden, so hätte er gesagt: wenn viele andere kommen, nicht: wenn ein Anderer kommt.

Die zweite auch von den Protestanten auf den Antichristen bezogene Stelle ist 2 Thess. 2. Derselbe wird aber hier genannt „der Mensch der Sünde, der Sohn des Verderbens, jener Gottlose, den der Herr Jesus tödten wird durch den Hauch seines Mundes." Diese Ausdrücke bezeichnen unverkennbar eine bestimmte Einzelperson, was im griechischen Text durch die Anwendung des Artikels um so deutlicher hervortritt. Auch Herr v. Döllinger (Christenthum S. 438) findet dies zweifellos.

In der dritten Stelle 1 Joh. 2 heißt es: „Ihr habt gehört, daß der Antichrist kommen wird, jetzt aber sind viele Antichristen da." Der Artikel im ersten Satzglied bezieht sich auf den Antichristen im engern und eigentlichen Sinn, im zweiten Glied ist der Name im weitern Sinn gebraucht: diese Unterscheidung hat nur Bedeutung, wenn der Antichrist im engern Sinn eine bestimmte Einzelperson der Zukunft, im weitern Sinn aber alle Christusfeinde, Ketzer und Abtrünnige bezeichnet.

An vierter Stelle kommen die Aussprüche Daniels in den Capiteln 7, 11 und 12 in Betracht, die sich nach Calvin, den Magdeburgern und Beza sowohl als nach Hieronymus, Augustin, Irenäus, Theodoret u. A. auf den Antichristen beziehen. Der Antichrist wird dort aber nicht als ein Reich, sondern als ein einzelner König bezeichnet, der zehn Könige antreffen wird, von welchen er drei mit Gewalt sich unterwerfen muß. Bemerkenswerth ist, daß Calvin mit dem h. Cyprian und Andern annimmt, Daniel rede Cap. 11 zunächst von Antiochus Epiphanes, typisch vom Antichristen; nun aber war Antiochus eine bestimmte Einzelperson, folglich muß eine solche auch der Antichrist sein. Die ganze Lehre Daniels werden wir unten entwickeln.

Die fünfte Stelle nehmen die Capitel 13 und 17 der Apokalypse ein, wo genau wie bei Daniel von 10 Königen die Rede ist, die der Antichrist (auf dem Gebiete des römischen Reiches) vorfinden werde; zugleich wird hier wie bei Daniel dem Antichristen eine viertehalbjährige Herrschaft zugeschrieben: wie also Daniel von einem einzelnen Könige spricht, so auch Johannes.

Dazu kommt, daß die Väter ganz übereinstimmend lehren, der Antichrist werde das auserwählteste Werkzeug Satans sein, in welchem die Fülle diabolischer Bosheit verkörpert sei wie in Christo die Fülle der Gottheit wohnte; er werde nur viertehalb Jahre regieren und also eine einzelne Persönlichkeit sein.

Auf das erste Argument Beza's ist zu antworten, daß der Antichrist zur Zeit der Apostel nicht persönlich, sondern in seinen Vorläufern zu wirken begann, in den Ketzern nämlich und den die Kirche verfolgenden Tyrannen, in einem Nero und Simon Magus, der sich selbst für den Messias ausgab. Für diese Auslegung der paulinischen Stelle sprechen zwei Beweise. Erstens das Zeugniß der Geschichte; denn die Väter tragen eben diese Deutung als die überlieferte vor wie Ambrosius und Chrysostomus zu 2 Thess. 2, Hieronymus qu. 11 ad

Algasiam, Augustin C. D. 20, 19, Theodoret zu 2 Theff. 2 u. f. w. Zweitens ergibt sich diese Erklärung aus dem Zugeständniß der Gegner selbst, die den Antichristen vom Papstthum verstehen. Das Papstthum nämlich zur Zeit Pauli war eben durch Petrus vertreten, der nach dem Zeugniß der Geschichte in Rom seinen Sitz aufschlug und von dort aus bis zu seinem Tode die Kirche regierte. Wollen die Gegner also nicht sagen, Petrus mit seinen Gläubigen sei bereits Antichrist gewesen und deren Gegner Simon der Zauberer und Nero folglich Christus, so werden sie mit den Vätern die apostolischen Worte 2 Theff. 2, 7, das Geheimniß der Bosheit habe schon zu wirken begonnen, auf die Vorläufer der Antichristen beziehen müssen. Zugleich erhellt hieraus die Absurdität der Bemerkung Beza's, eine Einzelperson könne nicht von der apostolischen Zeit bis zum Weltgericht leben: es handelt sich eben gar nicht um eine Einzelperson, sondern um deren Vorläufer. Aehnlich wird Mt. 17 Elias in Person als noch kommend, in Johannes Baptista aber als Einem von seiner Art als schon gekommen bezeichnet.

Was die Berufung auf Dan. 7 angeht, so bezeichnet Paulus nicht eines der vier bei Daniel genannten Thiere als den Antichristen, sondern jenes kleine Horn, welches bei Daniel die zehn Hörner des vierten Thieres überwindet, somit einen einzelnen Fürsten, der klein anfängt und sich darnach alle übrigen unterwirft.

Richtig versteht Calvin 2 Theff. 2, 3 als großen Abfall vom christlichen Glauben und stimmt in dieser Beziehung durchaus mit Augustin C. D. 20, 19 überein, der schreibt, es würde bei dem Auftreten des Antichristen ein großartiger Abfall der christlichen Völker durch Häresie oder völligen Unglauben stattfinden. Calvin macht aber die falsche Folgerung, der Antichrist sei deshalb als eine Collectivperson aufzufassen, weil solch ein Abfall nicht das Werk einiger Jahre sein könne, das ein einzelner Fürst zu vollbringen vermöchte. Es ist eben klar, daß die Vorläufer des Antichristen, wenn sie bereits in den Tagen der Apostel da waren, zahlreich genug sind, um mälig den Ruin der christlichen Gesellschaft, wie wir ihn heute schon durch die zersetzende Macht der Ketzerei und Revolution herbeigeführt sehen, zu bewirken. Die Einzelpersönlichkeit des Antichristen, wie die Tradition sie ausspricht, ist demnach keineswegs durch die Logik des Reformators beseitigt. Niemand leugnet es, daß die wirklich praktischen Katholiken heut zu Tage eine entschiedene Minorität bilden nicht blos unter den Menschen im Allgemeinen, sondern in den ehemals christlichen Staaten; eine katholische Nation, welche das Banner des Glaubens hoch hält, gibt es nicht mehr, das Kreuz ist ein Gegenstand der Scham oder offener Verachtung geworden, die Welt ist verderbt genug, um den Antichristen selbst nun empfangen zu können und die äußerste Minorität wahrer Christen in Glauben und Leben durch ihn noch stärker vermindert sehen.

Was endlich 1 Joh. 4, 3 angeht, so heißt es nach dem genauern griechischen Text, daß die Leugnung Jesu Sache des Antichristen sei, der in die Welt kommen werde und schon darin sei. Wäre der Antichrist eine Collectivperson, so könnte Johannes sprechen wie es hier geschieht; dies kann man Calvin zugeben. Aber es ist ein Verstoß gegen die Logik, wenn der Reformator aus dieser Stelle folgert, der Antichrist könne wirklich keine Einzelperson sein; er übersieht, daß die Textworte auch vollkommen ihr Recht behalten, wenn man sie dahin versteht, daß der Antichrist persönlich noch nicht erschien, in seinen Gesinnungsgenossen als Vorläufern aber bereits thätig sei. Die Stelle läßt also wie so manche andere dem Wortlaut nach zwei Erklärungen zu; die Frage, welche von beiden die Idee des Verfassers ausdrücke, ist aber eine historische Frage, die nicht durch subjective Raisonnements, sondern lediglich durch die Geschichte entschieden werden muß, d. h. durch Zeugnisse des Alterthums, welche über die wirkliche Meinung des Apostels Aufschluß geben; diese Zeugnisse finden wir aber in den bereits vorgelegten biblischen Parallelstellen, welche den Antichristen ausschließlich als eine Einzelperson bezeichnen, und in dem gleichlautenden Ausspruch der Ueberlieferung.

Es unterliegt demnach keinem Zweifel, daß der katholische Glaube, der Antichrist sei eine bestimmte einzelne Person, welche kurz vor dem Weltende die letzte Verfolgung der Kirche verursachen werde, allein auf Wahrheit Anspruch hat. Die vorgelegten Gründe, welche bereits Bellarmin entwickelte, sind so schlagend, daß sie keinen Einwand zulassen; wir hätten uns selbst der Mühe überheben können, sie nochmals zusammenzustellen, da die betreffenden Texte für jeden aufmerksamen Leser deutlich genug reden; nur die Thatsache, daß unser Jahrhundert einige katholische Schriftsteller, die weder den Bibeltext noch die Väter studirten, auf den protestantischen Standpunkt führte, machte es nöthig, den ganzen Gegenstand zur Erörterung zu bringen. Wenden wir uns jetzt zu der Frage, wann der Antichrist auftreten werde.

2. Die Zeit des Antichristen.

1. Die Frage, ob im Depositum der christlichen Glaubenswahrheit bestimmte Aufschlüsse über die nähere Zeit der antichristlichen Herrschaft enthalten seien, muß durchaus bejaht werden. Unter den großen Theologen der katholischen Kirche war darüber niemals ein Zweifel. Man lese in dieser Beziehung nur Bellarmin de Romano Pontifice l. 3. cp. 3, Suarez t. 15, d. 56, s. 2, Corn. a Lapide zu Apok. 20, 6, Becanus, Malvenda, Acosta, De Baeza u. A. Bellarmin schreibt a. a. O. cp. 2: Wir werden beweisen, daß der Antichrist kommen wird, wenn das römische Reich aufgehört hat, zu existiren; diesen Beweis liefert er dann im dritten bis sechsten Capitel. Aehnlich bemerkt Suarez a. a. O., nach der allgemeinen Ueberlieferung der Väter falle der Untergang des römischen Reiches mit dem Auftreten des Antichristen nahe zusammen und müsse daher die Zerstörung desselben unter die Vorzeichen des jüngsten Gerichts gerechnet werden. Cornelius a Lapide schließt seine Erklärung von Apok. 20, 6 mit den Worten: Es geht aus Allem deutlich hervor, daß der Zeiten Ende heranrückt, bauen wir Häuser für das Jenseits und entschlagen wir uns der Sorge um irdische Paläste, die nur noch einige Jahrhunderte dastehen werden. Cornelius schrieb dies 1625; er bezeichnet wiederholt in dem angeführten Abschnitt die Lehre, daß die Welt nach einem Bestand von 6000 Jahren kurz vor oder nach Vollendung dieses Zeitraums zu Grunde gehe, als eine wirkliche Lehre der Tradition, sie ist ihm durchaus gewiß und er warnt mit zahlreichen bedeutenden Autoren, die er anführt, blos vor solchen, die eine genaue Zeitangabe mit Jahr und Tag vortragen möchten, weil dies den Aussprüchen Christi entgegen sei, welche die Kenntniß von Tag und Stunde Gott allein vorbehalten. So bemerkt wiederum auch Bellarmin a. a. O., er halte mit Augustin (C. D. 20, 7) an der stets berühmt gewesenen Ansicht, daß die Welt 6000 Jahre bestehen werde, sosehr auch jene mit demselben Augustin heftig zu tadeln seien, die den Tag und die Stunde bestimmen möchten, wann genau die Zeiten ihr Ende erreichen würden; denn die präcise Kenntniß des Abschlusses aller Dinge sei ein Geheimniß, das nach Mt. 27, 36; Ag. 1 verborgen bleibe.

2. Betrachten wir nach dieser allgemeinern Darlegung die Gründe, auf welche die genannten und andere große Theologen sich stützen, so ist zunächst klar, daß der Ausspruch Christi Mt. 24, 36, Tag und Stunde seien Gott allein bekannt, eine Offenbarung über die Zeit im Allgemeinen nicht ausschließt. Dies ergiebt sich schon aus der weitern Aeußerung des Herrn a. a. O. V. 37—39, es würde in den letzten Zeiten sein wie in den Tagen Noa's, man werde essen und trinken und Hochzeit machen und nicht glauben an das Ende, bis der Tag selbst eintreffe und der Menschensohn erscheine. Nun aber predigte Noa 120 Jahre lang die kommende Drangsal, 120 Jahre lang wußte man das Gericht voraus und gleichwohl kehrten sich die Massen nicht daran, sie glaubten nicht; diese Gleichgültigkeit und Sorglosigkeit erscheint eben dadurch so grenzenlos großartig, daß sie trotz jahrelanger Predigt eines von Gott beglaubigten Mannes beharrlich festgehalten wurde; soll also dieses merkwürdige Verhalten nach Christi obigen klaren Worten sein völliges Gleichbild in der Menschheit wiederfinden gegenüber dem letzten Gericht, so müssen wir daraus folgern, daß die Zeit des Gerichtes lange vor seinem Eintreffen annähernd bekannt sein werde, und wir können es daher nicht befremdlich finden, daß in der Gegenwart heiligmäßige Personen, wie die Eingangs erwähnten, mit dem größten Nachdruck auf die Nähe des Endes hinweisen. Wenn die Apostel von der Nähe des Gerichtes reden, so gebrauchen sie den Ausdruck nahe zuweilen im weitern Sinne von der christlichen Weltzeit überhaupt, die im Vergleich zu der vorchristlichen Periode eine kurze ist; denn sie umfaßt wie wir unten noch weiter beweisen werden, nur ein Drittel der ganzen Weltzeit und ist die letzte Phase des Gottesreiches auf Erden. So spricht Joh. im 1. Briefe 2, 3 von der christlichen Periode als der letzten Stunde d. i. als dem letzten Weltalter; von diesem Standpunkt aus schreibt er Apok. 1, 1, daß der Richter in Bälde komme. Aehnlich sprachen die Apostel auch in ihren mündlichen Vorträgen, weshalb es zuweilen geschah, daß die Zuhörer den weitern Sinn dieser Werte übersehend schon für ihre Generation den Schluß der Zeiten erwarten zu müssen glaubten. Als in solcher Weise die Christen zu Tessalonich die Sache dachten und nicht ohne Unruhe persönlich schon die Schrecken des Weltendes erleben zu sollen meinten, schrieb ihnen Paulus 2 Thess. 2, 3—7, er habe ja mündlich ihnen das Richtige in dieser Beziehung hinreichend deutlich angegeben, daß nämlich vorerst ein großer Abfall vom Glauben und

der Antichrist kommen müsse, und daß noch etwas da sei in der Welt, welches die Erscheinung des Antichristen aufhalte und verzögere, daß zwar das Geheimniß der antichristlichen Bosheit schon wirksam sei, erst müsse aber aus der Mitte fortgeschafft sein das Aufhaltende, dann werde in seiner Zeit der Antichrist selbst auftreten. Der große Abfall, von welchem hier die Rede ist, wird durch die traditionelle Erklärung als Abfall von der christlichen Wahrheit bezeichnet, wie Augustin, Thomas v. Aquin, Anselm, Beda, Lyranus, Estius u. A. bezeugen. Es stimmt dies auch mit den Aussprüchen Christi, daß in den letzten Zeiten die Gottlosigkeit überhand nehmen und die Liebe erkalten werde (Mt. 24, 18), und daß die Gläubigen unter allen Völkern würden gehaßt und mißachtet sein (Mt. 24, 9). Blicken wir um uns, so tritt leicht zu Tage, daß die Zahl der überzeugungstreuen Katholiken im Verhältniß zu den übrigen Menschen, die christlicher Abstammung sind, eine winzige Minderheit bildet. Bis auf Luther waren die christlichen Nationen als solche katholisch und eifrige Kinder der Kirche; nicht Schisma oder Häresie und Unglaube vermochten die Völker als solche zu inficiren, einzelne Persönlichkeiten schlugen immerhin die Wege des Irrthums ein, aber die Massen waren gläubig, Satan lag gefesselt im Abgrund. Seit Luther bereitete sich mälig unter den Bekennern des Kreuzes jener Abfall vor, den wir heute in allen Landen offen das Haupt erheben sehen. Es existirt kein Reich von Bedeutung mehr, das nicht durch gottlose Gesetze, welche die Heiligkeit der Ehe und andere unantastbare Rechte des Evangeliums freventlich profaniren, auf den Besitz des wahren Glaubens verzichtet hätte. Die förmliche und öffentliche Apostasie der christlichen Völker als solcher ist eine nicht zu leugnende Thatsache. Der Apostel bringt aber eben diese Apostasie und die Herrschaft des Antichristen an unserer Stelle in so nahen Zusammenhang, daß wir urtheilen müssen, die Ankunft des Menschen der Sünde sei nicht mehr fern. Als zweites Kennzeichen für die Nähe dieser Ankunft bezeichnet der h. Paulus die Wegschaffung eines Aufhaltenden, dessen Anwesenheit in der Welt die Erscheinung des Antichristen hemme. Als Jeremias gegen die Chaldäer weissagte, bezeichnete er Babel durch Umstellung des Alphabets als Scheschach und die Chaldäer als Leb Kamaim; die Klugheit gebot ihm, alles zu meiden, was den Haß der Tyrannen reizen konnte. Wenn also Paulus an unserer Stelle das damals schon vorhandene Hemmniß des Antichristen, das nach Gottes Rathschluß fortgeräumt sein müsse, ehe der Bösewicht auftreten könne, mit Berufung auf frühere mündliche Unterweisung ganz allgemein als Aufhaltendes bezeichnet, ohne den Namen zu nennen, so liegt die Annahme nahe, daß eine gewaltige Macht darunter verstanden sei, die zu reizen gefährlich war. Die Zeugen der Tradition bezeichnen nun aber in absoluter Uebereinstimmung das römische Reich als diese Macht, und der Apostel will daher sagen, der Antichrist werde kommen, wenn das römische Reich gestürzt sei. Man könnte vielleicht einwenden, der Apostel hätte ohne Gefahr auch schriftlich das römische Reich mit Namen bezeichnen dürfen, und schwerlich sei daher der römische Thron dieser Aufhaltende. Allein zahlreiche Stellen der lateinischen Schriftsteller des Alterthums beweisen, daß der römische Nationalstolz das vaterländische Reich für unvergänglich und ewig hielt und Diejenigen als Feinde und Verräther ansah, die von einem Untergang des Reiches zu sprechen wagten. Der Apostel war daher ohne Frage genöthigt, sich in Bezug auf Rom jeder mißbräuchlichen schriftlichen Aeußerung zu enthalten: aus denselben Gründen, wenn auch zugleich aus Anlaß der römischen Sittenlosigkeit, nennt der Apokalyptiker die Kaiserstadt Babel, eine Bezeichnung Roms, die den Christen jener Tage und der folgenden Jahrhunderte sehr geläufig war. Der Apostel lehrt also, dem Weltende gehe unmittelbar die Herrschaft des Antichristen vorauf, der Antichrist werde aber erscheinen, wenn eine gewisse bedeutende Macht, die er mündlich bezeichnet habe, gestürzt sei: dies ist der kurze Sinn unserer Stelle und angesichts der Thatsache, daß die römische Prätension den Glauben an die Ewigkeit der Reiches zum Merkmal eines echten Patrioten machte, sind wir abgesehn von allen sonstigen Gründen zu der Annahme genöthigt, daß der Apostel als eben jene Macht das römische Reich verstanden habe. Diese Annahme wird durch die bereits kurz erwähnte Lehre der Tradition zur vollen Gewißheit einer historisch beglaubigten Wahrheit erhoben. Es läßt sich eben nicht denken, wie die Kirchenväter zu der Ueberzeugung gelangten, das Römerreich als den Aufhaltenden zu erklären, wenn sich nicht die mündliche Lehre des Apostels dahin ausgesprochen hätte. Der h. Paulus verweiset wie gesagt V. 5 ausdrücklich auf seinen mündlichen Vortrag und diesem muß daher die in voller Uebereinstimmung von den Alten überlieferte Lehre entsprungen sein. Die griechischen wie die lateinischen Väter, sagt Bellarmin a. a. O. Cap. 5, sind einstimmig in dieser Lehre. Chrysostomus bemerkt zu 2 Thsse. 2: Wenn das römische Reich beseitigt ist, dann wird der Antichrist kommen. Cyrill Katech. 15 schreibt: Es kommt der Antichrist, der geweissagt ist, wenn die Zeiten des römischen Reiches abgelaufen sind. Tertullian berichtet ap. cap. 32, daß die Christen für die Erhaltung des römischen Reiches beteten, weil sie wüßten (man beachte diesen für die Bezeugung einer überlieferten Lehre entscheidenden Ausdruck, der mit persönlichen Vermuthungen und Schlußfolgerungen nicht zu verwechseln ist), daß nach dessen Zerstörung die größte Drangsal dem Erdkreis bevorstehe. Lactanz (inst. l. 7, cp. 15) schreibt: Der römische Name, welcher jetzt den Erdkreis regiert (es sträubt sich mein Geist, es auszusprechen, aber sagen werde ich es, weil es kommen wird), wird weggenommen werden von der Erde und......dann kommt der Antichrist. Ebenso sagt Ambrosius zu 2 Thess. 2, daß nach dem Untergang des römischen Reiches der Antichrist kommen werde. Hieronymus trägt dieselbe Lehre qu. 11 ad Algasiam vor mit dem besonderen Bemerken, sie sei bei den christlichen Schriftstellern allgemein. In derselben Weise erklärt Augustin C. D. 20, 19 den Ausspruch des Apostels von dem Aufhaltenden. Ephräm schreibt, daß die Vollendung aller Dinge kommen werde, wenn das römische Reich sein Ende erreicht haben werde. Theophylact, Oecumenius, der h. Prosper, Haimo, Rhabanus Maurus und die ganze Reihe großer Theologen, welche bis zum Ausgang des vorigen Jahrhunderts schrieben, tragen ausnahmslos diese Lehre vor, die der letzten Jahrhunderte mit der häufig wiederholten Bemerkung, das römische Reich, da es an fortschreitender Schwäche leide, gehe seinem Untergang entgegen und das Ende aller Dinge sei daher nicht mehr fern. In seinem widerspruchsvollen Buch „Christenthum und Kirche 1860" schreibt Herr von Döllinger S. 424, die Kirchenväter stimmten darin überein, daß der „Hemmende" das römische Reich sei oder (S. 439) der römische Kaiser als Repräsentant des Reiches; ferner, daß der „Mensch der Sünde" gegen das Ende der irdischen Geschichte hervortreten werde. Ebenso bemerkt er (S. 426), daß man diese drei Dinge: den Untergang des römischen Reiches, die Erscheinung des Antichrist und das Ende der Welt als mit einander verknüpft und fast gleichzeitig betrachtete: Nach ihm stand selbst bei den Häretikern des 15. Jahrhunderts die Meinung noch allzu fest, daß Paulus unter dem „Menschen der Sünde" eine einzelne Persönlichkeit gemeint habe, die sich am Ende der Zeiten erheben werde (S. 436); ja von den Reformatoren wurde die Ansicht, daß der Antichrist erst mit dem Zerfall des römischen Reiches hervortreten solle, beibehalten (S. 437). Dennoch belehrt uns der „Nestor deutscher Theologie" S. 423, das Auftreten eines letzten und großen Antichristen am Ende des Weltlaufes sei die constante Ansicht und Ueberlieferung in der Kirche und es werde **dieser Antichrist demnach eine Aehnlichkeit mit dem von Paulus** beschriebenen „Menschen der Sünde" haben; und da er die Erklärung der Wegschaffung des „Hemmenden" durch eine einzige Thatsache (die Verschwindung des römischen Reiches) als handgreiflich mißlungen zu erkennen glaubt, so vernehmen wir S. 283 ff., Paulus habe den „Menschen der Sünde" von Nero verstanden und den „Hemmenden" von Kaligula. Nach Herrn von Döllinger hat also Paulus von einer Einzelpersönlichkeit, die wir am Ende der Zeiten unter dem Namen des Antichristen zu erwarten pflegen, nichts geweissagt; diese Erwartung beruht ihm lediglich auf einer irgendwie entstandenen allgemeinen Meinung, welche man nach der Darstellung S. 422—452 und 277—290 auch in die Thessalonicherstelle hineinzulegen gewohnt war. Die sog. Reformation hat denn auch nach Herrn v. Döllinger (S. 436) ein großes Verdienst um die rechte Auslegung dieser Stelle; denn „mit der Kirchentrennung trat eine folgenreiche Veränderung auch in der Auslegung der Paulinischen Stelle ein, eine Veränderung, die in der That eines der außerordentlichsten Ereignisse in der ganzen 1800jährigen Geschichte der Bibelauslegung ist. 1500 Jahre lang hatte jedermann den Apostel von einer bestimmten einzelnen Person verstanden, die er als den Widersacher, den Menschen der Sünde bezeichne. Von allen Vätern hatte auch nicht Einer die Sache anders genommen." Herr von Döllinger möge gestatten, daß wir ihm für dieses Zeugniß in Betreff 1500jährigen Kirchenglaubens danken; diese Thatsache genügt uns, daran festzuhalten bis in Ewigkeit. Nur einige besondere Mißverständnisse des verehrten Autors möchten wir im Einzelnen noch zur Sprache bringen. Von Augustinus wird S. 428 behauptet, er gestehe Civ. D. 20, 2 geradezu, die Meinung des Apostels im 2 Thess. nicht zu wissen; davon steht aber nichts bei Augustinus 20, 2. Ausdrücklich schreibt dieser h. Kirchenlehrer 20, 19, gewisse Meinungen, wie daß Nero wieder auferstehen und die Kirche bedrängen werde, seien eine auffällige Vermessenheit; es sei aber nicht widersinnig, obgleich er persönlich kein bestimmteres Urtheil zu fällen vermöge (cf. 20, 19. 2), daß man glaube, der „Hemmende" sei das römische Reich. Diese Auffassung des römischen Reiches bedarf keiner weitern Erhärtung, sie ist ja nach Döllinger selbst (S. 423) die unzweifelhafte Lehre der Väter, „die Ueberlieferung der ganzen Kirche." Wenn die Väter hingegen über die Abkunft des Antichristen, den Ort seiner Geburt und andere Einzelheiten seines Lebens Differenzen, die Herr v. Döllinger sorgfältig angemerkt hat, zu Tage treten lassen, so muß man bedenken, daß die hl. Väter als Zeugen des Glaubens über diese Dinge nicht geschrieben haben, denn sie tragen dieselben nicht als überlieferte Lehre vor, sondern als persönliche Anschauungen: die persönliche Meinung ist aber sehr zu unterscheiden von dem, was sie als allgemeine Glaubensüberzeugung oder ähnlich bezeichnen. Der h. Hieronymus bezeugt wiederholt die Tradition über den Sinn des „Hemmenden"; als aber Rom unter den Schlägen der Barbaren gefallen war, schrieb er anno 409, der Antichrist müsse nahe sein, weil das Aufhaltende weggeschafft sei (ad Ager. ep. 123, 16): hier begann seine persönliche Deutung des überlieferten Glaubensgutes, er sah nicht, wie das römische Reich gemeint sei und ließ unbegreiflicher Weise ganz außer Acht, daß sich vom römischen Reich die große östliche Hälfte noch vollständig erhalten hatte, die Tradition aber das ganze Reich, nicht einen Theil als Aufhalter bezeichnete. In ähnliche subjective Vorstellungen verfielen andere Väter wie Gregor d. G., die man so gern citirt, um die totale Verborgenheit des Zeitpunktes der letzten Dinge zu begründen. Der h. Ambrosius berechnete, daß die Welt bereits in seinen Tagen eine Geschichte von 6000 Jahren hinter sich habe (lib. 7 in Luc.); diese Meinung fand wahrscheinlich auch anderswo Eingang, und es begreift sich daraus, daß die beiden Ueberlieferungen bezüglich des römischen Reiches und des 6000jährigen Bestandes der Welt, weil man sie irrig ansah, zur Zeit des Hieronymus den Schluß bewirken konnten, der Weltlauf gehe zur Neige. Auch bezüglich des „Tempels Gottes", in welchem der Antichrist nach 2 Thess. 2, 4 sich niedersetzen soll, sind die Mittheilungen der Väter abweichend, wie Döllingers Darstellung im Widerspruch mit seiner Bemerkung S. 424 selbst aufzeigt; auch hier hat man den „Zeugen des Glaubens" und den persönlichen Exegeten sorgsam zu unterscheiden. Es scheint, daß die Vernachlässigung dieser Unterscheidung Herrn v. Döllinger dahin führte, die überlieferte Lehre wie in andern Punkten so auch in unserer Frage zu verlassen. Da er dem „Sitzen im Tempel Gottes" einen besondern Grund entnimmt, gegen die Ueberlieferung sich zu entscheiden, so mögen in dieser Beziehung noch einige Worte gestattet sein. Es ist verfehlt, wenn

Herr v. Döllinger S. 437 die Erinnerung De Wette's, der metaphorische Sinn des Tempels als der christlichen Kirche stimme nicht mit der Vorstellung des „sich Setzens," als eine „feinere Wahrnehmung" bezeichnet und S. 283 erklärt, der Zusammenhang führe mit Nothwendigkeit auf ein sichtbares Heiligthum, als welches er den Tempel in Jerusalem versteht, gegen den der Apostel ein neues Attentat von Rom aus erwartet habe. Mit dem Zusammenhang verhält es sich vielmehr gerade umgekehrt. Denn Paulus sagt, der Mensch der Sünde werde sich erheben über alles was Gott genannt wird oder Verehrung Gottes empfange (griech.: oder ein Idol sei), so daß er sich niederlasse in Gottes Tempel und sich als Gott darstelle. Nun aber schließt der Begriff von allem, was Gott genannt wird oder ein Idol (sebasma, ein Altar, ein Heiligthum irgend welcher Gottheit) ist, doch nothwendig ein, daß sowohl der wahre und **unsichtbare** Gott als die putativen Götter des Heidenthums von dem „Widersacher" bei Seite gestellt werden sollen; die Folgerung daß er so dann in die „Kirche Gottes", nämlich des wahren, eindringe und sich unter den Bekennern desselben als Gott darstellen werde, bei vielen auch mit Erfolg, ist daher nicht absurd, so daß es der Annahme bedürfte, der „Tempel" sei als ein Gebäude von Holz und Stein gedacht. Daß übrigens der Antichrist auch das Heidenthum noch vorfinden werde und demnach Gelegenheit habe, auch dessen Götter vor sich zu entfernen, ist eine ebenso leicht denkbare Sache, die den biblischen Stellen durchaus nicht widerspricht. Der Herr sagt bekanntlich, alle Völker würden sich bekehren und dann werde das Gericht sein; er sagt nicht, diese allgemeine Bekehrung gehe der antichristlichen Periode voraus; ebenso wenig finden wir dies bei den Vätern, sofern sie das Depositum des Glaubens bezeugen.

Aber auch die Apokalypse, meint Herr v. Döllinger S. 275, kennt den Antichristen weder dem Namen noch der Sache nach. Das Thier mit den sieben Köpfen, welches Johannes aus dem Meere aufsteigen sieht, ist nämlich nach Döllinger die römische Weltmacht in ihrer heidnischen Feindseligkeit gegen das Christenthum. Dies ist ein Grundirrthum, nur das sechste Haupt des Thieres bezeichnet Rom. Auch die traditionelle Erklärung von den Weltmonarchien Daniels scheint Herrn v. Döllinger nicht zu gefallen, da er mit offenbarer Geringschätzung S. 426 bemerkt, daß man sie ehedem von dem Babylonischen, Persischen, Macedonischen und Römischen Reich verstand. Unsere Neugierde, wie sie denn eigentlich zu verstehen wären, wird leider nicht befriedigt; der Herr Verfasser zieht es vor, über diesen heiklen Punkt zu schweigen und wir sind daher genöthigt, die Sache ausführlich zu besprechen, weil die Apokalypse auf Daniel zurückgreift und daher ein richtiges Verständniß Daniels voraussetzt.

Bevor wir indeß auf diesen Punkt, der eine längere Erörterung in Anspruch nimmt, eingehen, wollen wir dem Leser kurz vorlegen, welches Resultat die traditionelle Beziehung des „Hemmenden" auf das römische Reich für die Zeitbestimmung des Antichristen ergibt; es ist ohnehin unbedeutsam, Herrn v. Döllinger zu Liebe die Leser hinzuhalten, da die Existenz der Tradition ja zur Genüge schon feststeht und durch Herrn v. Döllinger selbst bezeugt wird. Nur einer Meinung des Herrn Prof. Bisping in Münster aus dem Jahre 1858 möge insbesondere noch gedacht sein. Er sagte, Paulus habe als die hemmende Macht das römische Reich und im weiteren prophetischen Blick den christlichen Staat gemeint; diese Macht trete dem allgemeinen Abfall von Gott entgegen und halte das Erscheinen des Antichristen noch auf. Herr v. Döllinger fragt, ob es Herr Bisping denn wirklich für denkbar halten könne, daß Paulus, bei dem sich sonst nicht die leiseste Spur eines prophetischen Fernblickes über das römische Reich hinaus zeige (!), den Gläubigen zu Thessalonika Vorträge über den christlichen Staat gehalten habe. Döllinger denkt sich nach den bereits oben mitgetheilten Ercerpten das römische Reich, auf welches Pauli Blick beschränkt gewesen sein soll, in der Gestalt des heidnischen Reiches; das christliche Reich darnach ist natürlich in der Stelle des Apostels nicht zu suchen, wenn er nur das Rom der Cäsaren kannte und Nero für den Menschen der Sünde hielt. Diese den Pferdefuß zu deutlich hinausstreckende Antwort kann Herrn Bisping unmöglich befriedigen. Herr Bisping anerkennt mit Herrn v. Döllinger, die Tradition bezeichne schlechthin das römische Reich als „den Hemmenden", und er bemerkt, anno 1806 sei dieses Reich untergegangen. Statt nun einfach zu folgern, das Ende der Zeiten nahe, thut Herr Prof. Bisping den kühnen Schritt, das römische Reich der Tradition aus eignen Mitteln um den christlichen Staat zu bereichern. Nein, die Ueberlieferung kennt nur e i n e hemmende Macht, nicht außer ihr den nach 1806 noch krüppelhaft vorhandenen christlichen Staat, eine Potenz, die heuer ja zudem offen ihren Namen in allen Landen mit Füßen tritt. Auch darin irrt Herr Bisping, daß er in dem Hemmenden etwas sucht, das durch seine innere Kraft dem Abfall wehre. Paulus sagt ja doch, das Hemmende sei eine in seinen Tagen schon

bestehende Macht; er schließt also die heidnische Gestalt des Römer=
reiches ein, von der Niemand sagen wird, ihre innere Gottesordnung
und Sittlichkeit sei bestimmt gewesen, dem Abfall der Christen von
dem Bekenntniß des Kreuzes zu wehren. Diese auch anderswo be=
gegnende Irrung wäre niemals möglich gewesen, wenn man den be=
treffenden griechischen Ausdruck genau übersetzt hätte; statt des „Hem=
menden" hätte man den „Besitzenden, den Gewalthaber, das Inne=
habende" gebrauchen sollen: dann wäre der Sinn, daß erst beseitigt
werden müsse, was zur Zeit noch die Herrschaft besitze, nämlich das
römische Reich, welches in der Weltherrschaft den früheren großen
Monarchien folgte. Dies ist der eigentliche Gedanke des Apostels
und seine genaue Bezeichnung, mit der die Versuchung, dem römischen
Reich der Tradition ein anderes etwas zu substituiren oder beizugeben
von selbst wegfällt. —

Der Schluß, den wir aus der bisherigen Entwicklung machen müs=
sen, springt von selbst in die Augen. Im Anfang des 4. Jahrhun=
derts spaltete sich das römische Reich in ein östliches mit der Haupt=
stadt Konstantinopel und ein westliches mit der Hauptstadt Rom.
Dadurch wurde deutlich, weshalb Daniel die vierte Weltmonarchie
Cap. 2 unter dem Bild der zwei Beine eines Menschen dargestellt
hatte. Das östliche Reich wurde 1453 durch die Türken vernichtet.
Das westliche, förmlich und feierlich anno 800 nach einigen Wechsel=
fällen von Karl dem Großen wieder aufgerichtet, bestand bis zum
Jahre 1806; Franz II. entsagte dem Titel des Römischen Kaisers;
auch die Kurfürsten, die Wahlherrn des Römischen Kaisers, erklärte
Bonaparte, von Lutheranern und Calvinisten unterstützt, als fürderhin
abgethan und confiscirte ihren weltlichen Besitz. Alle diese Gewalt=
acte wurden 1815 auf dem Congreß von Wien feierlich bestätigt und
besiegelt; das Römische Reich war dem Namen wie der Sache nach
aus der Mitte geschafft, bis auch des Reiches Schatten, der im deut=
schen Bunde sein armes Dasein fristete, anno 1866 verschwand. Das
Aufhaltende ist demnach hinweggenommen, wir wissen also, daß wir
in kurzem den Sohn des Verderbens sehen werden.

Wir werden ihn sehen, sage ich. Obgleich es praktisch ohne Be=
deutung ist, darf man dabei doch nicht vergessen, daß alle Schreckens=
drohungen der Bibel an eine Bedingung geknüpft sind, auch wenn
die Bedingung nicht ausdrücklich erwähnt wird. So predigt Jonas
Ninive's Fall und ruft zur Buße; die unbedingte Form seiner Pre=
digt läßt die doppelte Auffassung zu, daß die Stadt unwiderbringlich

dem Ende geweiht sei, die Buße aber zur Rettung der Seelen dienen solle, oder, daß die Buße die Herzen umgestalten, zugleich aber auch den Untergang der Stadt abwenden werde. Die letztere Auffassung erwies sich durch den Verlauf der Dinge als die richtige. Die Theologen sind einstimmig der Ueberzeugung, daß es sich ebenso mit allen übrigen Weissagungen verhalte, die Unheil verkünden; und man begreift leicht, daß die Freiheit des Menschen auf diese Weise in ihrer unantastbaren Würde besonders klar zu Tage tritt. Die Weissagung in solchen Fällen will warnen, den Sünder bekehren; ihr Sinn ist eben deshalb stets bedingt: wenn du nicht Acht hast, gelangt dein Fuß auf böse Wege. Des Judas Verrath war geweissagt, aber er blieb frei; die Weissagung sollte den Jünger warnen; wenn du nicht deine Wege gut einrichtest, sprach sie zu jedem der zwölf, so wirst du zum Verräther an deinem Herrn. So auch schrieb der hl. Papst Nicolaus V. noch 1451 an Michael Paläologus: Die Griechen haben durch ihr Verharren in Häresie und Schisma zu lange die Barmherzigkeit Gottes mißbraucht; noch drei Jahre und ihr werdet vernichtet werden, wenn ihr nicht Buße thut. Es unterliegt keinem Zweifel, daß die Geißel der antichristlichen Herrschaft hinweggenommen und der Bösewicht, wenn er selbst auch hartnäckig allen besseren Regungen trotzen und die Welt mit Blut erfüllen möchte, vergeblich seine Hand erheben würde, falls die Menschheit die Stimme Gottes hören und sich zu Buße wenden wollte; es ist zugleich gewiß, daß durch dasselbe Mittel aufrichtiger Bekehrung und durch das Gebet der Völker diese Tage des Entsetzens gemildert oder hinausgeschoben werden könnten. Diesen Gedanken finden wir insbesondere auch in den Aussagen der Eingangs erwähnten Heiligen ausgesprochen, die den Anfang des kommenden Jahrhunderts und zugleich verschiedene spätere Daten derselben Periode für die Herrschaft des letzten Tyrannen in Aussicht stellen, um den Einzelnen Generationen zu verkünden, daß jede von ihnen das Unheil durch einen gerechten Lebenswandel abwehren und ihm entrinnen kann. Wir verstehen es von diesem Standpunkte aus, daß die Güte Gottes es ist, welche in besondere Rücksicht auf die nahenden Drangsale durch zahllose Wunder in unsern Tagen zur Buße ruft; die Worte Nicolaus V. an die Griechen, das Werkzeug der göttlichen Gerechtigkeit stehe bereit, das Gericht zu vollstrecken, können wir nicht oft genug auf unsere Tage anwenden und mit demselben Papste sagen: die Drangsal wird eintreffen, wenn die Welt nicht umkehrt und Gott die Ehre gibt. Eben diese Predigt ist es, welche der Himmel an uns richtet, indem er den Erdkreis in unerhörter Weise mit Zeichen und Wunder anfüllt. Joel hat bereits geweissaget, Wunder am Himmel und auf Erden ohne Zahl und der Geist der Prophetie in Kindern und Weibern und Alten würde die Nähe des Endes anzeigen. Wann, können wir mit Recht heute fragen, wann geschahen außer den ersten Zeiten der Kirche mehr Wunder als heute? Pius IX. in einer Allocution vom 1. October 1874 sagt offen vor der ganzen Welt, daß jeder Tag Wunder an Wunder reihe, sosehr auch der Unglaube bestrebt sei, vor diesen Thatsachen die Augen zu schließen. Soll ich erinnern an die heroischen Kreuzträger Jesu Christi in Tyrol, Westfalen, Belgien, Canada und anderswo, an Maria von Mörl, Dom. Lazzari, Bertina Bouquillon, Esperance de Jesus, Marg. Bays, Kath. Emmerich, Louise Lateau u. A.? an die zahlreichen Heilungen in Amerika und an zahllosen Stätten Europa's? an die Bewegung des Orients, die Erscheinungen in Damaskus? an die Kreuze in Baden und anderswo, an die Erscheinungen im Elsaß, die von preußischen Soldaten und Brandspritzen vergebliche Angriffe erlebten? an die Wunder von Lourdes, Lasalette, Pontmain, Nancy, Bordeaur (Mad. Jossome), an die Zeichen an den Reliquien Theresia's und Franziska's von Chantal, an diejenigen in Italien zu Nola, Bari und sonstwo, an das von Pouille, an Eugenie Prudhomme und an Zoe Tonare, die eine zweite Jungfrau von Orleans werden zu sollen scheint, und an tausend andere? Diese Thatsachen sind zu großartig und in die Augen fallend, als daß man schweigend daran vorübergehen dürfte. Es ist hier nicht der Ort, diese Dinge näher zu erzählen und die Zeugen vorzuführen; wer sich gewöhnt hat, die mannichfaltigen Erscheinungen des Lebens aufmerksam zu prüfen, findet in dem Werke von Curicque hinreichend Gelegenheit, nachzusehen und sich der wirklichen Thatsachen zu vergewissern. Im Uebrigen dienen mir diese auffälligen Ereignisse zwar zur Bestätigung für die vorgelegte Anschauung über die Nähe des Weltendes; aber das Hauptgewicht lege ich, wie aus dem Bisherigen genugsam erhellt, auf die rein wissenschaftliche Betrachtung der einschlägigen theologischen Momente, die Schrift und Tradition darbieten.

Um zu den letztern nun zurückzukehren, so finden wir neben der Lehre über die Beziehung des römischen Reiches zum Weltende bei den Alten die berühmte Anschauung von dem 6000jährigen Bestande der irdischen Geschichte. Der Talmud bezeichnet diese Idee als eine mündlich erhaltene alte Prophetie; 2000 Jahre sind dem Naturgesetz,

2000 dem mosaischen, 2000 dem messianischen bestimmt: der jüdische Codex berichtet getreu die Lehre der Vorfahren, sosehr sie auch seiner Ansicht über Christus widerspricht. Die Kirchenväter nehmen sie in der entschiedenen Mehrheit an und Hieronymus bemerkt ausdrücklich, sie sei der allgemeine Glaube (ep. ad Cypr. pr. 89 und 2 P. 3). Der h. Irenäus schreibt a. h. 5, 6. 25—28, die Welt sei in 6 Tagen erschaffen worden und sie werde 6000 Jahre bestehen; ähnlich wird die Sache gewöhnlich vorgetragen, wiederholt auch darauf aufmerksam gemacht, daß die sieben ersten Patriarchen der Genesis ein Typus seien: wie sechs eines gewöhnlichen Todes starben und Henoch als der siebente in den Himmel entrückt wurde, so würden 6000 Jahre verlaufen und dann die Zeit in die Ewigkeit übergehen. Der h. Hilarius zu Mt. 17, Lactanz inst. 7, 14, Cyprian, Hippolyt, die heil. Lehrer Gaudentius, Germanus von Constantinopel, Isidor, Anastasius Sinaita und zahllose Schriftsteller bekennen sich zu den 6000 Jahren; Ambrosius selbst gibt dafür Zeugniß, obgleich er durch eine falsche Berechnung getäuscht, glaubte, es seien bereits 6000 Jahre seit der Schöpfung verflossen. Bemerkenswerth ist vor allem auch, daß unter den großen Theologen, welche die Kirche in den vorigen Jahrhunderten hervorgebracht, manche zwar die bezeichnete Meinung blos kurz erwähnen, Niemand aber Corn. a Lapide zufolge sie als falsch bezeichnet; man vergleiche Bellarmin a. a. O. und Corn. a Lapide zu Ap. 20, 4—6, wo er wie gesagt die Sache als sicher vorträgt und hinzufügt, daß lediglich eine definirende Bestimmung des Endes mit genauer Zeitangabe, als ob etwa präcis 6000 Jahre, keine Stunde mehr und weniger, bis zum Gericht anzunehmen seien, dem Glauben widerspreche; er baut hierauf dann den Schluß, daß von seinen Tagen an die Welt nur noch einige Jahrhunderte bestehen werde. Soviel zur Begründung der Nähe des Endes. Wenden wir uns schließlich zu der von Herrn Döllinger angeregten Frage über die Welt-Monarchien Daniels. Diese Untersuchung ist nothwendig, weil die Apokalypse den Gegenstand wieder aufnimmt und daher ein genaues Verständniß Daniels voraussetzt.

3. Der Prophet Daniel theilt uns im ersten Theile seines Buches zwei Offenbarungen über die Entwicklung der Weltmacht bis zum Ende der Zeiten mit. Dieselbe soll sich in vier großen Reichen darstellen und nachdem die letzte Phase des vierten Reiches (der Antichrist) beseitigt ist, soll in alle Ewigkeit das Gottesreich ohne Befehdung von irgend einer Seite in Herrlichkeit triumphiren und alles beherrschen.

Dies ist der kurze Gedanke jener beiden in Cap. 2 und 7 aufbewahrten Offenbarungen, wie ihn die Ueberlieferung vorlegt. Im zweiten Theil Cap. 8 ff. beschreibt Daniel in drei Visionen, wie das Gottesreich unter schweren Drangsalen zum Siege kommt und vollendet wird: die erste Vision Cap. 8 verkündigt die Geschicke des Gottesreiches unter der zweiten und dritten Weltmonarchie; die zweite C. 9 gibt einen großen Abriß über die Entwicklung des Gottesreiches vom Sturze Babels bis zur Vollendung des ganzen Erlösungswerkes; die dritte Cap. 10—12 schildert die Bedrängniß der Gläubigen durch die Griechen, besonders Antiochus Epiphanes, und durch den Antichristen. Vernehmen wir jetzt, wie die gläubige Exegese diese traditionelle Auffassung des Propheten Daniel im Einzelnen erklärt und begründet.

Daniel berichtet Cap. 2 das bekannte Traumgesicht Nabuchodonosors. Der König hatte die genauere Composition des Traumbildes vergessen und verlangte daher die Angabe des Traumes selbst und seiner Deutung. Beides gab Daniel. Der Heidelberger Professor Hitzig bemerkt, es sei nicht möglich, einem Andern einen Traum präcis nachzuträumen; aber 2, 19 wird mitgetheilt, daß Daniel durch göttliche Belehrung befähigt wurde, des Königs Wunsch zu erfüllen; und wir erlauben uns die Annahme, daß diese Belehrung wirklich stattfand. Daniel sprach dann, als sich der König auf seinem Lager mit Zukunftsgedanken beschäftigt habe, sei ihm von Gott die Zukunft enthüllt worden, und zwar in dem Bilde einer menschlichen Statue (2, 29). Das Haupt dieser Statue, sprach Daniel V. 38, bist du, o König! Diese Anrede gilt nicht von der Person des Königs im Unterschied von den folgenden Fürsten seines Staates; sie bezeichnet vielmehr den König als den Repräsentanten seines ganzen Reiches, wie lange immer es noch währen mochte, und somit sachlich das Babylonische Reich selbst im Unterschied von den spätern Weltmonarchien; denn es heißt V. 39: nach dir aber wird ein anderes Reich aufstehen. Dieses andere Reich ist dann das Medopersische, in der Statue durch die Brust mit den Armen versinnbildet; ähnlich wird es Cap. 8 durch die zwei Hörner eines Widders dargestellt, damit eben das in den Medern und Persern zu Tage tretende zweitheilige Element dieses Reiches bezeichnet werde. Das dritte Reich, durch Bauch und Hüfte von Erz vorgestellt, wird vorläufig kurz als alle Länder beherrschend bezeichnet; im zweiten Theil des Buches wird die Stellung des Griechen gegen das Gottesreich eingehender erörtert und in der Erklärung der Apokalypse werden wir sehen, daß für den Ausdruck „die ganze

Erde" eine buchstäbliche Erfüllung noch bevorsteht. Die Schenkel und Beine aber von Eisen (40 ff.) bedeuten ein viertes Reich, das die frühern zuletzt in die Macedonische Monarchie übergegangenen Mächte zu einer neuen Reichsform mit noch andern Elementen zusammenfassen und durch eine specielle Wirksamkeit vom Gebiet des dritten Reiches aus, die sich in seinem letzten Ausläufer realisirt, buchstäblich die ganze Welt besitzen wird (vergl. Apok. unten). Dieses vierte Reich durch die obere Verbindung der Schenkel in seiner ersten Entwicklung als eins dargestellt wird sich mit der Zeit in zwei Hälften spalten, das westliche und das östliche römische Reich. Die eiserne Fußsohle des Bildes ging in eine Mischung von Eisen und Thon über, aus welcher die zehn Zehen bestanden; diese zehn Zehen bedeuten zehn Reiche, welche sich aus den Bestandtheilen des vierten Reiches bilden und nach kurzem und schwachem Dasein von einem neuen Herrscher (dem Antichristen) wieder zusammengefaßt und zu einer Weltmonarchie in des Wortes strengstem Sinne, das alle Lande umschließt, verbunden werden; aber dieses letzte Mischreich (2, 42 f.) wird so wenig dauerhafte Festigkeit besitzen als sich Eisen und Thon zu fester Einheit mischen lassen. Als Mittel der Mischung wird V. 43 „menschlicher Same" genannt; der chaldäische Ausdruck für das Medium des Connubium ist sera d'gabra, der Prophet gebraucht aber sera anascha und deutet damit an, was er meint: er will im Gegensatz zu dem Stein, der sich ohne Menschenhand d. h. durch Gottes Kraft in Bewegung setzt bemerken, daß geschöpfliche Mittel vergeblich dauernd zu verbinden suchen werden, was Gott vernichten will. Dies drückt er in einem Bilde aus, das einem Acker entlehnt ist, auf dem man durch Mischung heterogener Sämereien keine gute Ernte, die dem Haushalt Wohlstand und Gedeihen gibt, erzielen kann; so auch wird die letzte Phase des Weltreiches unter dem Antichristen das Heterogene (Heiden, Juden, Christen will er zu seinen Anbetern machen) zu mengen und die Völker zu einem ewigen Reiche zu vereinigen suchen, aber es hat keinen Bestand.

Im 7. Capitel wird die Vision des 2. Capitels ergänzt. Daniel sieht aus dem sturmbewegten Meere der Völkerwelt vier gewaltige Thiere aufsteigen, meldet dann V. 9—12, daß über alle das Gericht Gottes ergeht und darnach (V. 13. 14) das Reich über alle Völker dem Menschensohn gegeben werde. An diese Beschreibung schließt sich die Deutung des Gesichtes durch einen Engel, zuerst im Allgemeinen V. 16—18, dann über das vierte Thier V. 19—26 und endlich V. 27

über die Aufrichtung des Reiches der Heiligen Gottes. Das erste Thier glich einem Löwen mit Adlerflügeln. Es ist Nabuchodonosor, der als Repräsentant seines Reiches Cap. 2 als goldnes Haupt und hier in gleicher Bezeichnung seiner Macht durch die Könige des Thierreiches versinnbildet wird. Das zweite Thier glich einem Bären, der seinen Körper nach einer Seite hin erhob, indem er nämlich die Füße der einen Seite zum Gehen und damit die Schulter und die ganze Hälfte des Körpers emporhob. Das sich Heben des Thieres nach einer Seite bezeichnet wie die Brust mit den Armen Cap. 2 die zweitheilige Natur des Reiches. Der medopersische Bär hat als solcher zwei Seiten; die medische Seite befindet sich bei den zur Errichtung des Weltreiches gemachten Anstrengungen in ruhendem Zustand, aber die persische Seite hebt sich, sie ist zum Raub gerüstet und leitet die Action. Das zweite Thier hatte drei Rippen im Rachen und wurde aufgefordert, viel Fleisch zu fressen: dies geht auf die Eroberung Babels, Lydiens und Aegyptens, die ganz verschlungen wurden — ein ganzer Berg von Fleisch für den Bären. Das dritte Thier glich einem Panter mit vier Flügeln und vier Köpfen. Die Flügel steigern die dem Thier von Natur eigne Behendigkeit und zeigen an, daß die entsprechende Monarchie sich wie im Fluge über die Erde verbreiten werde (vgl. 8, 5). — Das vierte Thier ist so furchtbar, daß der Prophet unter Verzicht auf Nennung eines Namens blos sagt, es sei verschieden von allen vorigen Thieren. Das Unthier frißt mit großen eisernen Zähnen; mit seinen Klauen von Eisen zertrat es in barer Zerstörungswuth, was es nicht fraß. In dem Eisen sind Schenkel und Beine des vierten Reiches Cap. 2 wieder aufgenommen; die dort erwähnten zehn Zehen kehren hier in zehn Hörnern wieder, welche das Thier auf dem Kopfe hatte. Bei der Betrachtung dieser zehn Hörner sah der Prophet (V. 8) zwischen denselben ein kleines Horn hervorwachsen, welches drei der Hörner mit Gewalt entwurzelte. Das kleine Horn ist eine menschliche Persönlichkeit, denn es hat Augen wie Menschenaugen und einen Mund, der große Dinge redet d. h. ein großsprecherisches Lästermaul; die Erwähnung der Menschenaugen deuten zugleich an, wie der h. Hieronymus bemerkt, daß kein übermenschliches Wesen, etwa ein Dämon, unter dem Horn gedacht werden darf, es ist ein Mensch; daher wird auch in der Beschreibung des Gerichtes über das vierte Thier V. 11 von dem Großmaul gesagt, daß es getödtet werde. In diesem Horn gipfelt die Macht des vierten Thieres, mit ihm wird daher das Thier selbst gänzlich beseitigt. In der Ergänzung V. 19—21 wird beigefügt, das kleine Horn sei größer geworden als alle seine Genossen und es habe siegreich gekämpft gegen das Volk Gottes bis das Gericht des Höchsten seiner Herrschaft ein Ende machte. Wiederum ist aber die Person des Hornes als Repräsentantin einer ganzen von ihm beherrschten Weltmacht zu denken. Das vierte Thier ist das römische Reich, das zu seiner Zeit in zehn Staaten aufgelöst sein wird, zu deren Constituirung die Kriege unseres Jahrhunderts dienen, und zuletzt wieder seine Länder unter dem Scepter des kleinen Hornes, des Antichristen, vereinigt. Soviel in Kürze über die Thierbilder des 7. Capitels, die V. 16 ff. von einem Engel in der angegebenen Weise erklärt werden. Die vier Thiere, sagt der Engel V. 17, sind vier Königreiche; so übersetzt umschreibend richtig die Vulgata den Ausdruck „Könige", der eigentlich dasteht; denn das vierte Thier wird ausdrücklich V. 23 als Reich bezeichnet. „Es werden vier Reiche aufstehn", sagt der Engel; zwar war das chaldäische schon da, aber er faßt summarisch alle vier zusammen und wählt daher das Tempus mit Rücksicht auf die Mehrheit der Reiche, deren drei ja noch künftig waren. Diese Reiche entstehen, um zu verschwinden; aber ein Königthum ohne Ende empfangen die Heiligen Gottes (18), die Gläubigen aus Juden und Heiden. Als Daniel über das vierte Thier, das bei weitem reicher ausgestattet erschien als die vierte Monarchie, Cap. 2, nähere Belehrung bat, sprach der Engel, das vierte Thier sei ein Königreich, das die ganze Erde fressen und zertreten werde (23); die zehn Hörner aber seien zehn Könige, die aus demselben hervorgehen würden d. h. sie werden in den frühern Gebietstheilen desselben herrschen, denn sie wachsen eben auf dem Kopf des Thieres. Diese zehn Reiche werden aber gleichzeitig sein, da sie nebeneinander auf dem Kopfe sitzen (24). Nach diesen zehn Königreichen endlich kommt ein neues Königthum, das drei von den zehn sich gewaltsam unterwerfen wird; der Fürst dieses letzten Reiches, das kleine Horn, wird gegen den Höchsten reden und die Heiligen Gottes zertreten (25); es wird Zeiten und Gesetz zu ändern unternehmen d. h. die von Gott gegebenen Grundlagen menschlichen Schaffens und Lebens seinem Belieben unterwerfen. Gottes Volk wird dieser Tyrannei drei Zeiten und eine halbe d. i. nach traditioneller Erklärung viertehalb Jahre übergeben werden. Darnach (26 f.) wird das Königthum über alle Reiche, die ausschließliche Herrschaft über die ganze Welt dem Volke Gottes unter dem Regiment des Menschensohnes zuertheilt d. h. die ganze Menschheit wird, nachdem sie den Sturz des Hornes gesehen, zu Gott sich bekehren und ein Hirt wird sein und eine Heerde. Dann kommt der Herr.

Soviel über die Gesichte Daniels und ihre Deutung. Jetzt ein Wort gegen die Gelehrten der linken Seite. Die vier Königreiche wurden von sporadischen Angriffen abgesehen bis zum Ende des vorigen Jahrhunderts allgemein auf das babylonische, medopersische, macedonische und römische Reich bezogen; Döllinger a. a. O. und die ganze Serie protestantischer Bibeldoctoren bezeugt dies. Seit hundert Jahren ist aber der Rationalismus der Held des Tages geworden. Mit dem übernatürlichen Charakter des Buches Daniel wurde alsbald auch die Echtheit desselben preisgegeben; man verlegte den Ursprung der Schrift in die Makkabäerzeit und kam überein, daß sie nichts enthalte, was über die Zeit des Antiochus Epiphanes hinausgehe. Aber wie es zu geschehen pflegt, daß der Widerspruch das Erbtheil jener ist, welche die Wahrheit verlassen, so geschah es auch hier. Um die Vierzahl der Reiche bis auf Antiochus Epiphanes zu gewinnen, wurden alle Möglichkeiten erschöpft, aber nichts anderes erreicht, als daß der eine Weise dem andern widersprach. Ein kurzer Nachweis dieser Thatsache möge hier gestattet sein, damit der Leser erkenne, wie übel gethan es ist, wenn katholische Gelehrte wie R e i s ch l u. A. die Neueren den Alten vorziehn. E w a l d und B u n s e n nahmen als erstes Reich das assyrische an und trennten das medopersische in zwei Reiche. Aber diese Trennung wurde nicht begründet und gegen Assur spricht, daß Daniel selbst sagt, Nabuhodonosor sei das goldene Haupt. H i ß i g u. A. urtheilten, das babylonische Reich sei in zwei zu zerlegen; sie stellen die Herrschaft Nabuch's und Belsazar's zu diesem Zwecke auf und theilen mit Bunsen auch das Medoperserreich. Aber nach 2, 39 war Nabuch' als Repräsentant des Reiches das goldene Haupt und Belsazar gründete kein neues Reich, sondern er folgte dem Nabuch' einfach auf dem Throne nach. B e r t h o l d t nimmt mit Andern als drittes Reich das macedonische und als viertes das der Diadochen an; aber die Eisennatur des vierten Thieres paßt nicht auf die Diadochen, deren Reich an Macht und Größe hinter Alexanders Monarchie weit zurückstand, weshalb denn diese Idee allgemein aufgegeben wurde. Was insbesondere die Trennung des medopersischen Reiches angeht, so kennt die Geschichte kein medisches Weltreich. Daniel spricht wohl von einer medischen und einer persischen Dynastie (8, 3,) aber nur von einem Reiche, das beide Volksstämme einheitlich umschloß. So sieht der Prophet Cap. 8 auf demselben Widder das eine Horn später wachsen als das erste, um anzudeuten, daß in demselben Reiche die persische Dynastie der medischen folgen werde; bekanntlich gründete Cyrus als Feldherr Darius des Meders das dritte Weltreich und bestieg nach diesem als Regent des neuen Reiches den Thron. Das zweite Reich erscheint Cap. 7 als ein Bär, der sich nach einer Seite hebt und drei Rippen im Maule hat. Diese Rippen wissen die Gegner nicht zu deuten und sagen, es müßten Theile eines ältern Reichsbestandes sein, auf deren bestimmung zu verzichten sei. Das dritte Reich ist 7, 6 ein Panther mit vier Flügeln und vier Köpfen. Die vier Köpfe sind nach den Gegnern der Tradition bloßes Sinnbild einer stoßenden Bewegung nach den vier Himmelsgegenden; aber ein solches Sinnbild für diese Idee kennt die symbolische Sprache nicht, sie verlangt dafür eine mindestens stoßende Haltung und legt diese dann für gewöhnlich noch einem Horn bei. Hitzig meint, Daniel habe nur vier Könige Persiens gekannt; aber diese Behauptung über die Kenntnisse des Propheten ist aus der Luft gegriffen und sie erklärt außerdem nicht die vier Köpfe des dritten Thieres; denn das dritte Thier kehrt Cap. 8 als Ziegenbock (Alexander) wieder, der vier Hörner neben einander auf dem Kopfe trägt, was nur neben einander entstehende Königreiche, nicht nach einander regierende Fürsten bedeuten kann. Nur auf Alexanders Reich, das in vier Monarchien zerfiel, paßt daher das dritte Thier. So bleibt für das vierte Thier bloß die Weltmacht in der Gestalt des römischen Reiches übrig. Es war geschichtlich unter den Imperatoren gleich dem vierten Thier Daniels ein wahrhaftiges Unthier, das die Heiligen Gottes mit eisernen Zähnen zerfleischte. Dazu paßt die Wahl durch Werth und Härte verschiedner Metalle in der Zeichnung Cap. 2. Während die beiden ersten Reiche verhältnißmäßig milde gegen das Gottesreich walteten und dadurch gegenüber den spätern noch wie Gold und Silber schätzbar waren, erschienen die beiten letzten in Erz und Eisen als sittlich tiefer und tiefst stehend, als schonungsloser gegen das Gottesreich und profaner. Nabuchodonosor, Darius Medus und Cyrus achteten auf die Offenbarungen Daniels, erwiesen persönlich dem lebendigen Gott Ehre und verlangten solche für ihn von ihren Unterthanen. Dagegen übt das dritte und vierte Reich eine barbarische Schreckensherrschaft, seine Machthaber wir Antiochus Epiphanes und die Imperatoren traten als wahre Bestien auf, die das Gottesreich vernichten wollten. Die Nichtbezeichnung endlich des vierten Reiches durch einen besondern Thiernamen enthält abgesehen von der Tendenz, ein wahrhaftiges Unthier zu malen noch einen besonderen Zug, der für die Erklärung von Rom sprechen dürfte; denn Rom war für die menschliche Erkenntniß zu Daniels Zeit wie noch nicht vorhanden, es war dem Orient unbekannt, während Daniel die Medoperser durch Erfahrung kannte, auch von Griechenland (Joel 4, 6) mußte; lag es nicht nahe, eben deshalb das noch nicht vorhandene Volk des vierten Reiches durch kein in der Natur vorhandenes Raubthier zu bezeichnen?

Wir dürfen uns hoffentlich angesichts dieser Gründe beruhigt der Meinung überlassen, das Alterthums habe uns die richtige Erklärung der Weltmonarchien Daniels überliefert. Das Gottesreich aber, welches nach Daniel (2, 35) nach Beseitigung aller dieser Monarchien und ihrer letzten Ausläufer die ganze Welt erfüllt, ist nach 2, 44 in der specifischen Gestalt der christlichen Kirche gemeint, da es in den Tagen der Könige des vierten Reiches gegründet werden sollte. Der h. Johannes, wie sich unten ergeben wird, nimmt diese Weissagungen Apok. 13, 1–8; 17, 7–13 wieder auf, bestätigt, verdeutlicht und erweitert sie. Die Kirche ist Siegerin über die Welt, das ist seine Weissagung; und die ganze Weltmacht in allen ihren Gestalten tritt vor sein Auge, wie sie die jugendliche Gottestochter des Alten Bundes in Egypten, Assur, Babel, Persien und Griechenland als fünf Reichen, dann die erwachsene Himmelsbraut des neuen Bundes durch Rom als den sechsten, durch dessen zehn Ausläufer als siebente (cf. Apok. 17, 10) und den Antichristen als achten (cf. Apok. 17, 11) Tyrannen bedrängt und verfolgt. Aber das Steinchen, das Gottes Hand in Bewegung setzt, stürzt den ganzen Höllenbau zu Boden und erfüllt die ganze Erde. Wir werden dies in der Apokalypse weiter erörtern. Zuvor sei noch aus dem zweiten Theil des B. Daniel hergesetzt, was dort über die Ausläufer des vierten Weltreiches gesagt ist. Es ist die Stelle 11, 36–12, 3 über den Antichrist. Das Capitel schildert nach einigen kurzen Bemerkungen über Persien und Macedonien v. 4–35 die Kämpfe der Seleuciden und Ptolemäer mit den sich anschließenden Ereignissen in Beziehung auf Israel und gibt dann in den bezeichneten Stück einen Ueberblick über die Herrschaft des letzten Gottesfeindes. Porphyrius und selbstverständlich die meisten Neueren finden v. 36 ff. eine fortgesetzte Beschreibung des Antiochus Epiphanes. Einzelne Aeltere beziehen den Abschnitt direkt und ausschließlich auf den Antichristen, v. 36 einen Wechsel des Subjectes statuirend. Allein diese Ansicht ist nicht möglich, da das Wort „König" mit dem bestimmten Artikel zwingend auf den v. 21–33 geschilderten Antiochus Epiphanes zurückweist. Die Mehrzahl der Väter sagt denn auch, es liege eine typische Beziehung auf den Antichristen vor. Wirklich geht, was v. 36 von Antiochus gesagt wird, theils weit über dessen Treiben hinaus, theils wird es im N. T. ausdrücklich auf den Antichristen bezogen z. B. v. 36 in 2 Thess. 2, 4; 12, 1 in Mt. 24, 21. Die Wahrheit ist also, daß dem Propheten Antiochus zu einem Vorbild des Antichristen wurde. Es heißt v. 36, der König werde sich erheben über jeden Gott; dies paßt nicht auf Antiochus, da er den Zeuscult allgemein machen wollte und eifrig im Götzendienst war, Liv. 41, 20. Das im gleichen Vers prädicirte Reden gegen den wahren Gott paßt auf beide. Nach v. 37 wird sich der König von den Culten seiner Vorfahren lossagen; dies paßt nach dem Gesagten nicht auf Antiochus. Er wird weder achten auf Frauenliebe noch auf einen Gott d. h. die milde, edle Liebe der Frau und deren uneigennützige Opferwilligkeit wird ihm ebenso wenig Ehrfurcht einflößen als die Autorität eines Gottes: das paßt nur auf den Antichristen, der sich selbst nach 2 Thess. 2, 4 als Gott aufstellen wird. Nur den Gott der Festungen (die Vulg. nimmt maozim irrig als nomen propr.) wird er ehren d. h. den Krieg wird er zu seinem Götzen machen, bevor er das Universum bemeistert hat und sich als Gott ausrufen kann; diesem Götzen opfert er alles, er ist sein Eins und Alles in einer ehedem völlig unbekannten Weise (38): ganz natürlich, da eine Weltmonarchie im vollsten Sinn das Ziel seines Ringens ist; mit Hülfe dieses Götzen (39) gewinnt er denn auch alle Orte und spendet seinen Anhängern Reichthum und Ehre in Fülle. Dann wird v. 40–43 von einer Unternehmung des Gottesfeindes gegen den Süden und seinem Sturz gehandelt. Einige meinten hier würde ein Feldzug des Antiochus beschrieben, den er am Ende seines Lebens gegen Egypten unternommen hätte; aber die Geschichte widerlegt sie, da sich Antiochus zuletzt vielmehr ostwärts nach Persien wandte, dort erkrankte und starb; 1 Mak. 6, 1–6; Polyb. Fragm. 31, 11. Zwar hat nach des h. Hieronymus Bericht Porphyrius von einem Feldzug gegen Egypten gesprochen, aber Porphyrius hat diesen Feldzug rein erdichtet, wie aus den beiden citirten Stellen deutlich ist und auch daraus hervorgeht, daß er den Norden ohne Weiteres über den Süden kommen läßt, während nach Daniel der Angriff vom Süden ausgeht. Man muß diese Verse daher mit den heiligen Vätern vom Antichristen verstehen. In der Zeit des Endes, heißt es v. 40 im hebräischen Text, d. h. am Ende des jetzigen Weltlaufes wird der Süden

den Norden angreifen und der Norden wird kommen mit Wagen und
Reitern und vielen Schiffen; mit dieser Kriegsmacht bringt der Nor=
den in die Länder des Südens und auch in das heil. Land des er=
wählten Volkes (41) und wird viele Länder zertreten, Moab und
Edom und Ammon aber werden als ergebene Völker gut behandelt.
Dies paßt nicht auf Antiochus, weil damals keine Moabiter mehr exi=
stirten. Die drei alten Feinde Israels sind daher lediglich als Re=
präsentanten aller Gottesfeinde gemeint. Und er streckt seine Hand,
heißt es weiter v. 42, nach den Ländern aus und auch Egypten, das
länger erfolgreich gekämpft, wird nicht gerettet; mit den Ländern (43)
kommen deren Schätze in den Besitz des Gottesfeindes und zugleich
die Bundesgenossen der eroberten Länder fallen ihm zu; diese Bun=
desgenossen werden beispielsweise von Egypten genannt: Libyer und
Aetiopier. Hiermit schließt die Beschreibung der kriegerischen Züge
des Antichristen zur Unterwerfung der Welt; v. 36. 37 wurde er ge=
schildert nach seinem Auftreten zur Zeit, wann er die Herrschaft ge=
wonnen haben wird; v. 38 ff. bezeichneten den Krieg als das Mit=
tel zur Erreichung dieser Herrschaft. Hierauf wird v. 44 f. kurz das
Ende des Gottesfeindes erwähnt. Nachdem er Herr geworden und
die Völker mit Schrecken regiert, setzen ihn Gerüchte aus dem Osten
und Norden in Aufregung; sein Grimm erwacht und er macht sich
auf, viele zu vertilgen; es werden also Empörungen ausgebrochen
sein. Bei dieser neuen Expedition schlägt er sein Zelt (apadno wur=
de von der Vulg. irrig als nom. propr. genommen) in der Nähe des
h. Berges auf und kommt hier bei Jerusalem zu seinem Ende. Dies
paßt wieder nicht auf Antiochus, der im Kriege gegen Parther und
Commenier in der persischen Stadt Tabä starb. Auch Ez. 39, 4 und
Zach. 14, 2 verlegen den Untergang des Gottesfeindes auf die Berge
Israels und in die Nähe Jerusalems; es muß also auch hier vom
Antichrist Rede sein. In diesem letzten Streite (12, 1 ff.) greift Mi=
chael, der Patron der Kirche, ein und führt das Volk Gottes zum
Siege; der Antichrist ist überwunden, die Zeit geht in die Ewigkeit
ein, die Auserwählten werden zum Himmel geführt mitsammt (2) den
verstorbenen Frommen, deren Zahl groß sein wird, während die Frev=
ler mit ewiger Schande bedeckt werden. Nachträglich (v. 6. ff.) wer=
den noch einige Zeitangaben mitgetheilt. Daniel fragt, wie lange
die antichristliche Drangsal, die Zeit der letzten Kämpfe bis zum
Sturz des Gottesfeindes währe; die Antwort lautet auf viertehalb
Zeiten oder Jahre; v. 11 wird beigefügt, von der Abstellung des

beständigen Opfers (der öffentlichen Feier der h. Messe) und der Aufrichtung des Götzengräuels, indem Antichrist Anbetung für sich fordert, würden 1290 Tage sein und nach weitern 45 Tagen seien alle Leiden zu Ende, der Sieg der Gerechten vollendet, so daß glücklich sei, wer geduldig während der Drangsal ausharre und ohne zu wanken in der Trübsal das Ende erreiche. Die 1290 Tage entsprechen im Ganzen den viertehalb Jahren, wir werden darauf und auf die letzten 45 in der Apokalypse zurückkommen; jedenfalls sind die Schlußereignisse der antichristlichen Periode dadurch bezeichnet, dies genügt für jetzt. Blicken wir aber auf die vorher gewonnenen Resultate zurück, so haben wir bemerkt, daß der Prophet von der Beschreibung des 3. Weltreiches und seines Ausläufers Antiochus unmittelbar Anlaß nimmt, vom Antichristen zu reden, den er früher hinreichend deutlich als letzte Phase der römischen Weltmacht gezeichnet hat. Die Tradition verlegt bekanntlich den Ursprung des Bösewichts in den Orient, obgleich über Einzelheiten dieser Frage keine Uebereinstimmung herrscht. Der Orient des Türken ist aber das Terrain des alten griechischen Weltreiches; wenn also die Erwartung der Christenheit dahin geht, daß von Constantinopel aus der Antichrist als Waffenheld die Erde nimmt, so dürfte vielleicht die Ehre einer „feineren Wahrnehmung" der Meinung zuerkannt werden, daß Daniel deshalb eben vom 3. Weltreich auf den Antichristen überging, weil dieser von dem Gebiete jenes Reiches aus seinen Siegesgang über die Erde mache. Ursprünglich ohne Macht, ein kleines Horn, wird sich der Sohn des Verderbens die Krone Muhameds nehmen und das Schwert des Fanatismus dann gegen die Völker aller Länder tragen, bis er über alle gebietet. Von Egypten scheint es, dem Süden (cf. v. 40 ff.), dessen Gelüste nach Unabhängigkeit schon heuer stark sind, wird die „orientalische Frage" brennend gemacht werden, so daß der Sultan Antichrist von da aus zu seinem Weltkrieg angeregt würde. Beachtenswerth ist auch die türkische Tradition, daß die jetzige ottomanische Dynastie einer andern weichen werde, die aus dem Bereich der Krim klein aufstehe, darnach aber Constantinopel und die ganze Welt besitzen werde. Dann würde sich freilich zeigen, daß die Beherrschung der ganzen Welt, welche Daniel vom 3. Reich schon aussagt, in dem letzten Erben dieser Monarchie volle Buchstäblichkeit bewähren würde. Aber noch eine weitere Beobachtung knüpft sich an Daniel. Das kleine Horn wächst in Mitte der 10 Hörner; ist hier im Ganzen die Mitte genau gemeint, so böte der taurische Chersones (die Krim), da er im Centrum der alten römischen Staaten liegt, eine merkwürdige Beziehung zu diesen Worten. Bedeutsamer ist aber, daß 10 Königreiche auf dem Boden des Römerreiches sich finden werden, wenn der Antichrist seine Züge beginnt. Die bisherigen Kriege unseres Jahrhunderts haben ohne Frage zur Bildung dieser Staaten schon beigetragen und die bevorstehenden dürften sie rasch vollenden, so daß man vielleicht die 10 Monarchien in Italien, Frankreich (die jetzigen romanischen Republiken möchten leicht als Eintagsfliegen von Jedermann begriffen werden), Spanien, Portugal, Oesterreich, Deutschland, Belgien, Holland, England und Türkei zählen könnte. Jedenfalls wird diese Staatenbildung unseres Jahrhunderts rasch sich auflösen, da ja nach Herrn von Döllinger der Untergang des römischen Reiches und die Aufrichtung der Weltherschaft des Antichristen nach der Tradition der christlichen Kirche als fast gleichzeitig aufzufassen sind (vgl. auch Apok.).

Wir haben hiemit den ersten Theil unserer Aufgabe gelöst. Das Resultat geht bestimmt dahin, daß Bibel und Tradition den Heiligen, welche uns gegenwärtig die Nähe des Weltendes predigen, nicht widersprechen, sie im Gegentheil glänzend bestätigen. Auch darin stimmen sie überein, daß am Ende der Zeiten, ehe die Ewigkeit anbricht, ein Hirt und eine Heerde sein wird. Die Predigt des Elias und Henoch in Verbindung mit großen apostolischen Männern werden die Herzen erschüttern und mitten in den kommenden Trangsalen der Wahrheit die Wege bahnen, so daß durch die Beseitigung des letzten Feindes allen die Augen aufgehen und alle kommen werden, den einen Hirten aufzusuchen. Darnach ist noch eine kurze Weile, wie es scheint etlicher Decennien, bis zum Gericht; das ist die Periode des einen Hirten. Christus sagt nämlich, daß auch zur Zeit des letzten Gerichtes die alte Sorglosigkeit bei Vielen auf Erden zurückgekehrt sein werde, so daß sie unvorbereitet von dem großen Ereigniß überrascht würden: dieser Ausspruch nöthigt, mit St. Hildegard u. A. anzunehmen, daß noch eine Spanne Zeit zwischen dem Sturz des Menschen der Sünde und dem Eintreffen des jüngsten Tages sein werde; Bertina von St. Omer bezeichnet etwa 40 Jahre. Indem wir aber diese und ähnliche Details der Zukunft überlassen, begnügen wir uns mit der Erkenntniß, daß es Zeit ist, Speculationen zu entsagen, die auf Jahrhunderte Schätze sammeln möchten für Hof und Heerd, daß wir sagen müssen mit den heil. Predigern unserer Tage: Menschen bereitet euch auf das Gericht und erziehet die Jugend in strenger Zucht, denn sie wird schlimme Stunden haben.

II.
Die Kirchengeschichte der Apokalypse.

Als 2. Theil dieser Arbeit möchte ich eine kurze Erklärung der Apokalypse des h. Johannes darbieten. Der Apostel preiset jene, die aufmerksam dieses Buch lesen würden; wie könnte man sich aber geistigen Genuß und Förderung des sittlichen Strebens daraus versprechen, wenn es nur Hieroglyphen enthielte, die nicht zu entziffern wären und so des Lesers gleichsam spottend eher zur Wegwerfung des Buches als zur achtsamen Lectüre einladen würden? Gewiß, schon der Name „Enthüllung" beweist, daß wir die Geschichte der Kirche, welche hier beschrieben wird, verstehen können; wenden wir uns demnach an die Tradition, um den Schlüssel des Verständnisses zu holen, und wir werden lesen mit Nutzen.

Das erste Capitel bildet die Einleitung zum Ganzen. In Form eines Briefes an die Kirchen Kleinasiens erzählt hier der Apostel, der Herr habe ihm mitgetheilt und niederzuschreiben befohlen, „was da ist und was darnach geschehen soll" (1, 19.). In den Briefen des 2. und 3. Capitels an die Bischöfe in Kleinasien wird der erste Theil dieses Auftrages erfüllt und die Offenbarung über den damaligen Zustand jener Gemeinden vorgelegt. Alles Folgende bis 22, 7 ff. ist Mittheilung dessen, was darnach d. h. von jenen Tagen bis zum Ende der Zeiten geschehen soll; denn 4, 1 heißt es ausdrücklich: ich will dir zeigen, was nach diesem da, von jetzt an geschehen soll. Mit Kap. 4 beginnt also die eigentliche Beschreibung der Geschichte des ganzen Gottesstaates; den Bischöfen Kleinasiens wurde diese Beschreibung mit den sie selbst betreffenden Warnungen und Mahnungen zunächst übergeben, damit sie von dort sich fortpflanze über die gesammte Kirche und den Gläubigen aller Zeiten durch die Hinweisung auf die den einzelnen Perioden bevorstehenden Kämpfe und Siege zur Lehre diene: die den verschiedenen Zeitaltern vorgehaltene Aussicht auf Drangsal ist ein steter Ruf zur Buße und zum Gebet, um die Uebel abzuwenden, zugleich eine bringliche Mahnung an die Guten zur Beharrlichkeit und zu verdoppeltem Eifer, um in der kommenden Trübsal gerüstet zu sein und in dem Glutofen der Versuchung bewährt zu werden; die Siegesbilder aber zeigen den verschiedenen Generationen die

Unüberwindlichkeit der katholischen Sache, den Guten ein Sporn zur Beharrlichkeit und zum Fortschritt, für die Bösen oder Lauen abermals ein Ruf zur Umkehr. Von diesem Standpunkt lesen wir heute die Beschreibung der 6. Periode der Kirche und finden uns bei ihrer Betrachtung mächtig angeregt, treu unsere Pflichten zu erfüllen und unablässig die Barmherzigkeit des Himmels anzuflehen um Stärke und Kraft in der nahenden Leidenszeit. So lasen unsere Vorfahren die Beschreibungen der 5 ersten Perioden und kein Zeitalter findet sich, aus dem uns nicht die Nachricht gegeben wird, daß man den Apostel verstanden und heilsam angeregt durch seine Weissagung Viele den Weg des innern Lebens betraten und den Geist Jesu Christi aufnehmend dem Geist der Welt entsagten. Der Prophet Daniel betrachtete die Weissagung Jeremia's über das Ende des Exils und er wandte sich zum Gebet für die endliche Befreiung des Volkes Gottes. Im gleichen Geist sollen wir die Weissagung Johannis lesen und den Himmel anflehen, daß er wo möglich die Kirche vor dem Dränger bewahre, die Herzen zur Wahrheit wende oder doch uns selbst nicht verlasse. Das Gebet ist das von Gott geordnete Mittel des Heils; wer betet, rettet sich und wer nicht betet, geht verloren: so St. Alphons, so die heil. Lehrer aller Zeiten und Christus der oberste Lehrer selbst. Möge daher diese Arbeit den Geist des Gebetes und getreuer Pflichterfüllung in vielen wecken, damit sie nicht unterliegen, wann die Stunde schlagen wird zum Kampf. Insbesondere gedenken wir des Winkes, den der Apostel 1, 4 gibt, indem er Gnade und Frieden uns wünscht von den 7 Engeln vor Gottes Thron. Diese Engel (Tob. 12, 15) sind die Führer der zum Dienst der Gerechten und zur Bestrafung der Bösen bestimmten Geister, die manchfaltig in den Gang der Ereignisse einzugreifen bestimmt sind; sie blasen die Posaune (8, 1), wenn eine neue Periode der Geschichte sich aufthut, zum Zeichen, daß große Prüfungen für das Volk Gottes bevorstehen; sie gießen die Zornesschalen Gottes auf die Erde aus (16, 1 ff.;) sie zeichnen die Auserwählten an ihren Stirnen (1, 3.) Wohl also wünscht der Seher mit Recht, seine Leser möchten zu jenen gehören, welche den Schutz der Geister erfahren und von dem Schwert derselben verschont werden. Als sündige Menschen stehen wir vor dem Auge Gottes und bedürfen gar sehr mächtiger Fürbitter; die heil. Engel sind Gottes Freunde, ihr Gebet kann uns helfen; säumen wir daher nicht, ihre Fürbitte mit Inbrunst zu erflehen, daß ihnen gestattet werde, in der kommenden Nacht ihre schirmende Hand über uns auszustrecken. Ich glaube, diese Bemerkungen seien um so mehr am Platz, als die erhabene Gottesmutter an den ehrw. Grafen de Bray in den letzten Jahren den Ruf ergehen ließ, daß er ihre Anrufung als die Königin der Engel in besonderer Weise fördern und verbreiten möchte; ebenso mahnten die heroischen Dienerinnen Gottes Anna Maria Taigi und Elisabeth Canori Mora für die bevorstehenden Drangsale zu besonderm Eifer in Anrufung der heil. Engel und der Königin der Engel. Das anhaltende Gebet bringt durch die Wolken und jene, die rettend und rächend über den Erdkreis schreiten sollen, werden zweifellos denjenigen schützend zur Seite stehen, die vertrauensvoll ihre Verwendung am Throne des Höchsten begehrten.

Nach diesen Erwägungen, welche der Ernst der Zeiten uns nahe legt, wenden wir uns zur Lesung des Apostels. Wir beginnen unsere Lesung wie gesagt mit dem 4. Capitel, weil das Voraufgehende für die allgemeine Geschichte der Kirche keine weitere Bedeutung hat. Der Schlüssel zum Verständniß dieser Abtheilung liegt aber darin, daß die Entwicklung der Kirche unter dem Bilde von 7 Siegeln, 7 Posaunen und 7 Zornesschalen dargestellt wird. Die Siebenzahl bedeutet 7 Perioden der Kirche. Die Posaunen verkündigen die Prüfungen, welchen die Kirche in diesen Perioden unterworfen wird; die Zornesschalen aber bezeichnen die Strafen, welche über die Feinde des Reiches Gottes verhängt werden; unter den Siegeln ist der Rathschluß verborgen, die Kirche durch 7 Kampfeszeiten zum Siege zu führen: durch Siegel und Posaune, zweimal, werden die von der Welt erregten Kämpfe vorgeführt, damit in die Augen springe, daß die irdische Gestalt der Kirche nicht die Herrlichkeitsgestalt der Gottesbraut ist. Daß die genannten drei Siebenheiten parallele Darstellungen derselben Perioden sind, ergibt sich aus ihrem übereinstimmenden Inhalt. Während aber Johannes Cap. 4 — 11 Siegel und Posaunen nacheinander beschreibt, um die Leidenstage und Prüfungen der Kirche ohne Unterbrechung nach verschiedenen Seiten darzustellen, widmet er die Cap. 12 — 22 vornehmlich der Schilderung des göttlichen Gerichtes über die Bösen und nimmt daher in diese Abtheilung die 7 Zornesschalen auf. Unerläßlich für das Verständniß unseres Buches ist demnach die Erkenntniß, daß die Geschichte der Kirche in parallelen Visionenreihen dargestellt wird. Den Beweis für diese Wahrnehmung liefert die bereits hervorgehobene Gleichartigkeit des Inhaltes von Siegeln, Posaunen und Schalen; ferner wird 10, 6 u. 11, 15 ausdrücklich gesagt, daß beim 7. Posaunenschall dieser Weltlauf sein

Ende erreichen wird, woraus klar folgt, daß die Schilderung von Cap. 12 an wieder in die Vergangenheit zurückkehrt, um den Geschichtsverlauf der Weltzeit unter einem andern Gesichtspunkt zu beleuchten. Dieser neue Gesichtspunkt ist die Bestrafung und Beseitigung der Gottesfeinde; die Darstellung verweilt hier aber mit besonderer Ausführlichkeit bei dem ersten und zweiten (d. h. antichristlichen) Rom, weil die heidnischen Imperatoren und der Antichrist als die bedeutendsten Werkzeuge der Hölle auftreten. Die Gliederung des 2. Theiles (12 — 22) ist durchaus symmetrisch: 1, das heidnische Rom Cap. 12; 2, das antichristliche Rom C. 13, 14; 3, die 7 Schalen als Zusammenfassung aller Strafheimsuchung der Feinde C. 15, 16; 4, das Gericht über das doppelte Rom C. 17, 19; 5, Aufleben Roms nach tausendjähriger Ohnmacht im 2. Rom des Antichristen, sein Sturz und das Weltgericht C. 20. In der Mitte dieser besonders der 1. und 6. Periode gewidmeten Schilderung steht also ein zusammenfassendes Bild für die Heimsuchung aller Gottesfeinde. Die 6 irdischen Perioden erreichen C. 20 ihren Abschluß und nun wird C. 21, 22 in einem großartig poetischen Gemälde die siebente Periode oder die selige Ewigkeit beschrieben. Gehen wir nach diesen Vorbemerkungen an die Erklärung des Einzelnen. Sie wird das Resultat der ersten Abtheilung dieser Schrift, daß wir dem Antichristen nahe sind, auch dadurch besonders bestätigen, daß als die 5. Periode der Zeitraum des Protestantismus erscheint, des sichtlich nunmehr ausgelebten Himmelsstürmers.

Einleitend erzählt Johannes, daß er den Allmächtigen im Glanz des grünen Jaspis (Sinnbild der Barmherzigkeit, der Hoffnung des Bedrängten) und des rothen Sardis (Symbol der Gerechtigkeit) auf einem Throne sah umgeben von einem Regenbogen, unter dessen Farben ein prächtiges Smaragdgrün hervorstach. Der Regenbogen erinnert, daß der Himmel ein feierliches Bündniß mit der Menschheit schloß; das erste Bündniß mit Noah war gleich der Arche ein Typus auf die Kirche und sinnbildet Gottes Rathschluß, um des Blutes Christi willen die Kirche glücklich über die Wogen der Zeit in den Hafen der seligen Ewigkeit führen zu wollen. Barmherzigkeit und Gerechtigkeit reichen sich in diesem Rathschluß die Hand, in Christi Blut geschieht beiden Genüge zum Heil der Gutgesinnten, getrennt aber walten beide segnend oder strafend im jetzigen Weltlauf je nach dem Verhalten derselben gegen Gute und Böse. Dieses Bild überschwebt daher die folgends enthüllte Geschichte: in schöner Sinnbildlichkeit charakterisirt es die ganze Thätigkeit Gottes in der Entwicklung seines Reiches auf Erden. Den Thron umgaben vierundzwanzig Aelteste als Repräsentanten der Heiligen, welche aus dem alten und neuen Israel zur Anschauung Gottes berufen sind; ihre weißen Kleider bezeichnen ihre Siege über die Welt, ihre goldnen Kronen die königliche Würde, in der sie mit Christo herrschen sollen. Blitze und Stimmen und Donner gingen von dem Throne aus, zum Zeichen, daß Leiden und Drangsale gesandt werden müssen zur Vollendung des göttlichen Reiches; sieben Lampen vor dem Thron bezeichneten die 1, 4 schon genannten Engel, welche zu Executoren des göttlichen Rathschlusses bestimmt sind. So erschien der Thron und dessen Umgebung. Vor dem Thron aber war ein gläsernes Meer durchsichtig wie Crystall; es stellte das Fundament des Thrones dar, so zu sagen den Fußboden des Himmels, auf welchem der Thron stand. In dem Bereich des Thrones, denselben umgebend, schwebten vier lebende Wesen; sie waren von Augen ganz bedeckt zum Zeichen, daß sie mit prophetischer Erkenntniß alle Zeiten durchdrangen. Sie hatten sechs Flügel wie die Cherubin bei Jesaias; mit vier derselben bedeckten sie sich aus Ehrfurcht vor Gottes Majestät, mit zweien flogen sie: der Flug bezeichnet ihre Willigkeit und Schnelligkeit in Besorgung göttlicher Aufträge. Die Beziehung dieser Wesen auf die vier Evangelisten hat gegen sich, daß Johannes als Seher v o r dem Gesicht schwerlich gleichzeitig zu den handelnden Personen desselben in das von ihm geschaute gedacht werden kann. Besser gefällt daher die Beziehung auf die vier großen Propheten. Jesaias als vom königlichen Stamme Davids wird durch einen Löwen symbolisirt; Jeremias als Priester durch den Stier, das Opferthier; Ezechiel, der in seinem Gesichte als Menschensohn angeredet wurde, durch die Gestalt eines Menschen; Daniel hat den Adler, weil seine Weissagung mehr als bei den andern die Zukunft durchdrang und der Reihe nach alle Weltreiche beschrieb bis zum Ende der Zeiten. Das dreimal Heilig mit dreimaligen Lobpreis v. 8 galt der h. Trinität.

Gott erscheint demnach auf seinem Thron in einer Umgebung, welche symbolisch auf die folgende Weissagung über die Geschichte der Kirche hinzeigt. Der Apostel meldet dann Cap. 5, daß er in der Hand Gottes ein Buch erblickte; das Buch enthält die Rathschlüsse Gottes in Bezug auf den Entwicklungsgang seines Reiches auf Erden; diese Rathschlüsse sind unerforschlich, nur das Lamm hat Satan und Welt überwunden und ist daher würdig, den Rathschluß des Ewigen zu sehen.

und seinen Dienern mitzutheilen. Das Lamm hat in seinem Blut die Hölle besiegt, deshalb beherrscht es die Welt in ihren noch kommenden sieben Zeiten. Es trägt sieben Hörner zur Bezeichnung seiner Macht in diesen sieben Zeiten; es hat sieben Augen zum Ausdruck seiner Weisheit und Wachsamkeit bezüglich der Leitung des Gottesreiches in den sieben Zeiten. Als Beherrscher und Lenker der Geschichte dieser Zeiten muß das Lamm den göttlichen Rathschluß kennen, darum wird ihm das Buch aus der Hand des Höchsten gegeben. Nach Uebergabe des Buches beten die vier und die vierundzwanzig das Lamm an und opfern ihm die durch Wohlgerüche symbolisirten Gebete der auf Erden lebenden Frommen; dann singen sie ihm ein Loblied, das ein neues heißt, weil sein Gegenstand, die Uebergabe des Buches auf Grund seiner Verdienste um die Menschheit, eben erst in die Erscheinung trat und also neu ist. Darnach bringen auch die Engel ihre Huldigung dar, indem sie sagen, das Lamm sei durch seinen Opfertod würdig, sich ein Volk aus allen Nationen zu sammeln und mit Macht und Weisheit es durch alle Zeiten zu regieren. Weil aber diesem Volk des Lammes sieben Zeiten bestimmt sind, sich zu vollenden, so werden dem Lamme sieben Prädicate (5, 12) beigelegt: Macht, Reichthum scil. der Gottheit (vgl. den griech. und lat. Text), Weisheit, Stärke, Ehre, Herrlichkeit und Lob; wir werden sehen, daß jedes Prädicat eine eigenthümliche Beziehung auf die entsprechende Periode hat. In den Lobpreis stimmen (13) endlich alle Geschöpfe ein und die vier und die vierundzwanzig schließen diese Scene der Huldigung. Soweit die Einleitung Cap. 4 und 5. Geben wir jetzt eine Erklärung des h. Textes über die einzelnen Perioden.

1. Die erste Periode.

Diese Periode wird durch das erste Siegel, die erste Posaune und die erste Zornesschale bezeichnet. Dieselbe gehört durch den wüthenden Kampf der heidnischen Kaiser gegen die Kirche zu den glorreichsten Zeitaltern; der Sieg ist der Sieg des Löwen aus Juda, weshalb auch die Cherubsgestalt des Löwen auf den Sieger hinzeigt. Cap. 12 wird diese Periode durch ein ergänzendes Bild näher erklärt.

Das erste Siegel. Die Bücher der Alten waren Rollen, bestehend aus einzelnen langen Blättern, welche man um einen Stab wand und mit dem schmalen Rand an diesen befestigte. Das Johanneische Buch war ein einziges derartiges Blatt. Während es um den Stab gerollt wurde, waren an sieben Stellen des Blattes Siegel angebracht worden, durch welche jedesmal der siebente Theil desselben an dem Stabe festklebte; wenn also das erste Siegel entfernt wurde, rollte sich das erste Siebentel des Blattes auf und wurde lesbar. Nach Entfernung eines Siegels ist es das Lamm, welches den Inhalt liest, der dann dem Apostel durch eine Vision vorgestellt wird. Nach Entfernung des ersten Siegels (6, 1. 2.) erscheint ein Reiter mit Krone auf weißem Roß. Dieser Reiter ist nach 19, 11 ff. Jesus Christus, der in seinen Jüngern auszieht gegen das Heidenthum und dieses nach dreihundertjährigem Kampf im römischen Reich überwindet. Siegreiche Feldherrn hielten auf weißen Pferden ihren Triumphzug, die weiße Farbe und die Krone deuten also auf den Sieg des Reiters. Indem er aber auszieht, zu siegen über die Heiden, wird er als bereits siegend bezeichnet (6, 2), wohl um anzudeuten, daß die Predigt des Evangeliums schon damals schöne Erfolge aufzuweisen hatte.

Wird unter dem ersten Siegel der Sieg über das heidnische Rom verkündigt, so erfahren wir durch die erste Posaune (8, 2 ff.), daß dieser Sieg nicht ohne Blut errungen wurde. Johannes erblickte sieben Engel vor dem Throne, die jeder eine Posaune empfingen, um am Beginn eines neuen Zeitalters Prüfungen, Drangsal und Trübsal zu verkünden. Dies wird auch 8, 3 ff. durch eine besondere symbolische Handlung ausgedrückt. Ein Engel nämlich opfert Gott die Gebete der Frommen auf, füllt dann sein Rauchfaß mit Kohlen und wirft diese auf die Erde: dies bedeutet, Gott werde seine Diener im Ofen der Trübsal prüfen, durch Leiden sie mehren und von den Heuchlern trennen; die Trübsal ist also als eine Gnade zum Besten der Kirche anzusehen und die Gott aufgeopferten Gebete haben daher im Grunde gute Wirkung. Als der Engel sein Rauchfaß ausschüttete, entstanden Donner und Stimmen und Blitze und großes Erdbeben, ein Beweis, daß die Ausschüttung der Kohlen wirklich eine Heimsuchung durch Trübsal bedeute; vier Ausdrücke bezeichnen aber V. 5 die kommenden Leiden, um vorläufig blos die Drangsale der vier ersten Perioden anzudeuten, denn die drei letzten Posaunen bringen drei besondere Wehe (8, 13).

Die erste Posaune (8, 7). Hagel und Feuer mit Blut, welche auf die Erde fielen, bezeichnen die Verfolgungen der ersten drei Jahrhunderte. Durch Steinigung (Hagel), Feuer, Schwert und tausend Marterwerkzeuge wurden die Christen getödtet. Etwa ein Drittel der Hirten (Bäume genannt) wurde weggerafft und alles grüne Gras d. h. die eifrigsten Gläubigen (das grüne Gras im Gegensatz zu dem minder lebensvollen gedacht) empfingen die Krone des Martyriums; das Bild von Bäumen und Gras für die Christen begegnet auch 7, 1; 9, 4. Groß also waren die Opfer, wodurch der Sieg errungen wurde.

Die Zornesschalen werden Cap. 15 zuerst im Allgemeinen charakterisirt. Sie werden von sieben Engeln getragen und heißen (15, 1) die letzten Plagen einmal, weil sie für die Letzten in der Reihe der zu Quälenden, nämlich für die Verfolger der Gläubigen, bestimmt sind, dann weil sie überhaupt in der christlichen Weltzeit, der letzten unter den drei großen Weltperioden, über die Menschheit kommen. Gleichzeitig wird der Seher wieder auf das gläserne Meer aufmerksam, welches den Thron trug. Es spiegeln sich darin durch Feuer die von den Heiligen aller Zeiten erduldeten Plagen, die Leiden derjenigen, welche das Thier in seinen verschiedenen Gestalten der gottfeindlichen Weltmacht einschließlich auch besonders der letzten des Antichristen, der eine specielle Namenszahl (vgl. 13, 18) hat, besiegten. Alle diese glorreichen Streiter sieht der Apostel im Geiste beisammen und angesichts der Engel mit den Zornesschalen, welche die oft und lange verkannte Gerechtigkeit zur Anerkennung bringen sollen, Loblieder anstimmen zu Ehren der Gerichte Gottes. Diese Scene im gläsernen Meer ist demnach dem Bild der Schalen zur Erläuterung beigegeben; wie 8, 3 ff. sind aber in einem Gesammtbild alle Plagen vereinigt, welche einzeln in den verschiedenen Perioden die Erde treffen sollen. Das Lied Mose's aber singen die Erwählten nachahmend, indem sie die Größe und Wunderbarkeit der Werke des Allmächtigen preisen, der durch die sieben Plagen den Verfolgern seine Gerechtigkeit und Macht offenbaren will; zugleich singen sie das Lied des Lammes d. h. dem Lamm zu Ehren singen sie, daß seine Güte sie manchen Prüfungen unterwarf, seine Gerechtigkeit aber Rettung schaffte. Gott prüft also aus Güte die Seinigen und aus Erbarmen befreit er sie durch das Walten seiner Gerechtigkeit von ihren Feinden. Von diesem Gedanken aus versteht man sofort auch die zweite erläuternde Scene V. 5 ff. Johannes bemerkt im Himmel ein dem alten jüdischen

Heiligthum ähnliches „Zelt des Zeugnisses". Bei Vollendung der vorhin erwähnten Lieder öffnet sich das Allerheiligste desselben, drinnen erscheint Gott der Herr mit den sieben Engeln, welche alsbald hervorgehen, um die sieben Plagen zu verhängen in ihrer Zeit. Die Engel sind weiß gekleidet zum Zeichen, daß sie siegreich die Welt bekämpfen werden; sie tragen goldne Gürtel zum Zeichen ihrer göttlichen Sendung, die sie nunmehr ausführen werden. Von den vier Propheten reicht Einer den Engeln die Schalen zum Zeichen, daß zur Zeit des Gesichtes die Ausführung der Gerichte noch zukünftig ist. Nach Uebergabe der Schalen füllte sich das Heiligthum, welches V. 5 in die Erscheinung trat, mit Rauch, zum Zeichen, daß der Zorn des Höchsten im Begriff ist zu entbrennen, um an den Ketzern und Heiden seine Macht zur Geltung zu bringen. Kein Mensch aber durfte das Allerheiligste betreten, bevor die sieben Plagen vollendet waren, zum Zeichen, daß der Mensch mit Leib und Seele der Anschauung nicht theilhaftig wird, ehe das letzte Gericht ist abgehalten. Nach diesen einleitenden Scenen ergeht 16, 1 der Befehl, mit der Ausgießung der Schalen zu beginnen. Die erste Schale bereitet den Verfolgern der Gläubigen böses und verderbliches Geschwür (16, 1. 2.), sie schlägt die Diener Satans mit tödtlicher Wunde. Lactanz in seiner Schrift von den Todesarten der Verfolger zeigt, wie grauenhaft das persönliche Ende der römischen Herrscher seit Nero war und die Geschichte meldet, wie entsetzlich Bürgerkrieg und Seuche das Volk heimsuchten. Die Schale wird entleert über die Menschen, welche das Zeichen des Thieres hatten d. h. über diejenigen, welche durch den die Weltmacht beseelenden Geist der Hölle sich bestimmen ließen und die Götzen anbeteten. Dem Reich als solchen wird durch die erste Schale der Untergang noch nicht bereitet; die es bewohnenden Menschen, voran die Führer, werden zunächst mit Strafen heimgesucht.

Die bisherige Beschreibung der 1. Periode durch Siegel, Posaune und Schale wird vervollständigt durch Cap. 12. Hörten wir bislang, daß der Reiter auf weißem Roß das heidnische Rom besiegte, indem er seine Gläubigen in den Feuerofen der Trübsal, dann aber die Verfolger ins Verderben gab, so vernehmen wir Cap. 12. welche Macht eigentlich in den Verfolgern durch Zulassung Gottes kämpfte und überwunden wurde. Johannes erblickt am Himmel ein großes Zeichen d. h. ein erhabenes Symbol der Kirche; es erscheint am Himmel, denn dort hat die Kirche Ursprung und Ende; es erscheint als ein Weib, dann als eine Gottesbraut stand die Kirche bereits vor dem

Geistesauge der alten Propheten; das Weib trägt die herrlichste Kleidung, die sich im Bereich der ganzen Natur nur finden läßt: Sonne, Mond und Sterne umgaben sie — die Sonne bedeutet den Schatz ihrer Gnaden, der voll Licht und Wärme ist, für die erstorbene Menschheit, und ihren Bräutigam Jesus Christus, den Inbegriff aller Gnade und die Sonne der Gerechtigkeit; der Mond ist unter ihren Füßen, zum Zeichen, daß die dem steten Wechsel unterworfene zeitliche Welt ihrer Leitung und Regierung untergeben ist; die 12 Sterne bedeuten die 12 Apostel, welche ihre vornehmsten Lehrer und als solche nächst Christus ihre schönste Zier sind. Sie erscheint in Wehen, um zu gebären; das bezeichnet den ersten Ausgang der eben gestifteten Kirche, sich Kinder zu erwerben, ihr Ringen im heidnischen Römereich. Aber so groß waren in dieser Periode ihre Gefahren und sosehr war sie von aller Welt verlassen, ja mit allen in Gegensatz, daß die Nöthen des Weibes als große Qual bezeichnet werden. Denn menschliche Gesetze, menschliche Leidenschaften, die sittliche Corruption der ganzen Menschheit und Juden sammt Heiden bekämpften sie, aufgestachelt und belebt von Satan, dem großen rothen d. h. grausamen Drachen, dem Fürsten der Teufel. Auch der Drache, nach Gen. 3 das Symbol Satans, wird dem Seher gezeigt; er erscheint am Himmel, denn vom Himmel wurde er herabgestürzt, wo er einst ein glänzender Engel war. Er hatte 7 Köpfe, 10 Hörner und 7 Kronen auf den Köpfen; denn er ist die Seele aller gottfeindlichen Weltmonarchien (Aegypten, Assur, Babel, Persien, Griechenland, Rom, Antichrist) sowie der 10 auf kurze Frist (17, 10) aus dem römischen Reich sich bildenden Staaten. Sein Schwanz d. i. seine Hinterlist verführte ein Drittel der Engel und er warf sie auf die Erde, auch die Menschen zu verführen. Dann ward die neue Gottesstadt gegründet, die Gottesbraut kam, die Herrschaft des Drachen allüberall zu vertilgen. Deshalb stellt sich Satan selbst vor das Weib, sie zu verschlingen. Aber das Weib ward Mutter eines starken, kräftigen Sohnes; die christliche Gemeinde zählte Wenige in ihrem Beginn, aber Kinder voll des h. Geistes, weshalb sie nicht mit dem schwachen Geschlecht verglichen, sondern als eine männliche Geburt bezeichnet werden. Das Kind aber ward in den Himmel entrückt d. h. der jungen Kirche Kinder erlagen nicht in der Verfolgung, sondern glorreich sterbend gingen sie hinauf zum Throne Gottes, während die Kirche selbst sich inmitten der Stürme erhielt auf der Erde, indem sie in wüsten, unterirdischen Verstecken und Einöden sich den Verfolgern entzog. Indem aber

Johannes die Kirche im ersten Werden als streitend mit Rom erblickt, wird die C. 13 ff. wiederholt bezeichnete letzte Bedrängniß durch das Rom des Antichristen mitangedeutet, indem der Drache auch mit dem 7. Haupt welches den Antichristen vorstellt, gezeichnet (3) und die viertehalbjährige Herrschaft des Antichrist als die letzte und traurigste Verborgenheit des Weibes genannt wird (6. 14). Die Prophetie ist daher theilweise eine sog. complexe wie Christi Weissagung Mt. 24, die zugleich das Ende Jerusalems und der Welt beschreibt.

Da 12' 6 völlig wiederkehrt in 12, 14, so muß die vorige Gedankenreihe unter einem neuen Gesichtspunkt 12, 7 ff. gefunden werden. Die Andeutung V. 10, daß Satan die Gläubigen verklagte, erinnert an Zach. 3, wo er den Antrag stellte, Gott möge sein Reich auf Erden aufheben wegen der Sünden der Gläubigen, die viel und groß seien; aber Michael, der Patron des Gottesreiches, beseitigte die Schlange (8), daß für immer derlei Anklagen und Anträge im Hinblick auf den Gesalbten Gottes (Zach. 3, 8,) abgewiesen und blos mehr (9) hienieden die Prüfung der Menschen durch Versuchung zugelassen wurde. Deshalb sangen die Engel (10), daß der Gesalbte den Ankläger hinauswarf und den Gläubigen (11) Macht gab durch sein Blut, mit Verachtung des Lebens siegreich zu streiten; auf dem Festland wie auf den Inseln (12) wird dieser Streit große Drangsal bringen, da bis zum Sturz des Drachen nur kurze Zeit ist; daher denn bietet der Satan gegen die kleine Christenschaar alles auf, so daß (14) dem Weibe die Wüste allein mehr eine Zufluchsstätte bietet, wo sie erhalten wird während der viertehalb Zeiten; die entsetzlichste Verfolgung eben (15) erregte der Drache wieder das Weib, indem er sie durch übermenschliche Drangsal wie hinwegzuschwemmen suchte. Aber die Erde, von deren Antlitz Satan die Kirche zu vertilgen suchte, half selbst (16) dem Weibe, indem sie die Fluth der Verfolgung versiegen ließ und durch Constantin der Gottesbraut den Frieden gab. Erbittert über diese Niederlage wandte sich der Feind gegen die übrigen Kinder des Weibes (17); aus dem Abendland verbannt zog er nach Persien und zettelte dort die Verfolgung von 340–380 und 420–470 an, grausame Leidenszeiten, die der h. Maruthas, Sozomenus und Theodoret beschrieben haben. In zwei Reihen beschreibt also Cap. 12 die erste Periode von der Gründung der Kirche bis auf Constantin.

2. Die zweite Periode.

Das zweite Siegel bringt einen Reiter auf rothem Roß zur Erscheinung; er hat ein großes Schwert und es wird ihm Macht gegeben, den Frieden von der Erde zu nehmen und daß man sich einander tödte: 6, 3, 4.

Die zweite Posaune meldet, daß ein großer brennender Berg ins Meer geworfen und der dritte Theil des Meeres Blut wurde, so daß ein Drittel der Meergeschöpfe starb und ein Drittel der Schiffe zu Grunde ging, 8, 8. 9.

Die zweite Schale wird in das Meer geschüttet und sein Wasser wird wie das Blut eines Todten, so daß alles Lebendige im Meere stirbt: 16, 3. Kaum hatte Constantin der Kirche den Frieden gegeben, als Arius ihn durch Leugnung der Gottheit Christi wieder wegnahm. Arius, ein Priester, ist der Reiter auf rothem Roß. Darum steht die zweite Cherubsgestalt, Jeremias, bei dem zweiten Siegel; Jeremias, der Priester, zeigt dem Apostel den Abfall des Priesters; im Leben stritt Jeremias (Jer. 23) mit falschen Lehrern, noch vom Himmel her zeigt er auf Arius, den falschen Propheten, hin. Arius greift die Gottheit des Lammes an, darum wird 5, 12 an zweiter Stelle als besonderes Attribut des Lammes die Gottheit hervorgehoben. Arius hat ein rothes Pferd, denn Ketzerei entzündet Streit, Unreinigkeit, Gewaltthat: sie ist eine zersetzende, auflösende Macht und daher dem Feuer vergleichbar. Arius hat ein großes Schwert; denn Römer, Vandalen, Gothen, Lombarden und andere Völker vertheidigten mit dem Schwert die Häresie und verfolgten die wahren Christen.

Machtsitze, sowohl physische (z. B. Jer. 51 25) als moralische (z. B. Dan. 2, wo das die Kirche darstellende Steinchen zum weltbedeckenden Berge wird), werden in der Schrift mit Bergen verglichen. Als ein wahres Riesengebirge stellte sich dem Gottesreich die arianische Häresie entgegen, sie heißt deshalb 8, 8 ein großer Berg, und dieser Berg brennt, denn er entzündet Zwiespalt. Die Gesellschaft aber wird 8, 9 (vgl. 17, 15) mit dem Meere verglichen. Der arianische Berg also fällt in das Völkermeer, das Wasser wird zu Blut

d. h. es wird corrumpirt die Quelle des lebendigen Wassers, welche ist Christus (Joh. 7, 37), so daß ein Drittel beiläufig der Seelen vergiftet wird durch die falsche Lehre und ein Drittel der mit Schiffen (nach dem Typus von Arche und Schifflein Petri) verglichenen christlichen Kirchen sammt Hirten und Volk der Ketzerei zufällt. Falsche Lehre ist also der Inhalt auch der zweiten Posaune; darum werden 8, 5 sehr charakteristisch „Stimmen" als Zeichen der zweiten Trübsal genannt, mit der die Gottesbraut zu streiten hat; es sind die Stimmen der arianischen Lügenpropheten. Die zweite Posaune verkündigte die Aufwühlung des Völkermeeres der Christenheit. Auf eben dieses Meer wird 16, 3 die zweite Zornesschale entleert, um zu vernichten die häretische Bosheit. Das gesunde Wasser reiner Lehre war durch die Arianer verderbt worden, darum ergießt die Zornesschale hinwieder Verderben auf die Ketzer, daß sie hinfürder nicht mehr gefunden werden in dem Meere: bildlich wird dies so ausgedrückt, daß alle Bewohner des Meeres sterben und ihr Blut, das Blut Erschlagener, die Fluthen färbt; das Meer bezeichnet nämlich die christliche Gesellschaft, diese aber war vom Arianismus so zerfressen, daß die Rechtgläubigen nicht mehr zu existiren, der ganze Erdkreis der Häresie verfallen, diese allein die Kirche auszumachen schien.

3. Die dritte Periode.

Im dritten Siegel erscheint ein Reiter auf schwarzem Roß, der mit der Wage Weizen und Gerste vertheilt, Oel und Wein aber nicht vertheuern kann: 6, 5. 6.

Die dritte Posaune verkündigt, daß ein brennender Stern, Wermuth genannt, auf den dritten Theil der Flüsse und Wasserquellen fiel und das Wasser zu Wermuth machte, so daß viele starben von bittern Wasser: 8, 16 f. —

Die dritte Zornesschale ergießt sich über die Flüsse und Wasserquellen und sie wurden Blut; sofort tritt der Engel der Wasser auf und lobt den Herrn, daß er so gerichtet, denn die Frevler hätten das Blut der Heiligen und der Propheten vergossen und seien daher werth, selber im Gericht mit Blut getränkt zu werden; ein zweiter Engel vom Altare her stimmt dem ersten zu und ruft: wahr und gerecht, Allmächtiger, sind fürwahr deine Gerichte: 16, 4 ff.

Bei Ezechiel 4, 16 steht die Weissagung, Gott wolle den Stab des Brodes für Jerusalem zerbrechen, so daß man genöthigt sein werde, die Lebensmittel nach Maß und Gewicht zu kaufen. Die Cherubsgestalt des Menschensohnes deckt das dritte Siegel auf. Es liegt also nahe, an eine Hungersnoth zu denken. Wirklich theilt der Reiter Weizen und Gerste mit der Wage aus, ein offenbares Zeichen der Noth, da man in guten Zeiten für diese Producte sich der Wage nicht bedient; auch macht 1 Denar (=16 Cents) für 2 Pfund Weizen im 5. Jahrhundert einen furchbaren hohen Preis. Das schwarze Pferd ist ein Emblem der Hungersnoth, denn sie zerstört die blühenden Wangen und verbrennt die Haut (Klgl. 5, 10). War das 4. Jahrhundert die Blüthezeit des Arianismus, so tritt im 5ten Hungersnoth und äußeres Elend in den Vordergrund. Gleich im Beginn um 406 kam unter Arkadius eine mehrjährige entsetzliche Hungersnoth über das westliche Reich; es war die erste Etappe der Racheboten zur Zerstörung des noch immer heidnischen Rom: obwohl Constantin der Verfolgung ein Ende gemacht, hatte sich das Volk vom Götzendienst doch nicht bekehrt. Da erschien der Reiter auf schwarzem Roß, über 100 Jahre hauste er mit seinen wilden Schaaren im Reich und zog nicht fort; bis Rom eine Wüste geworden war: diese Drangsale schildern Siegel, Posaune und Zornschale, welche an 3ter Stelle dem Apokalyptiker vor Augen traten. Die erste furchtbare Folge der Barbareneinfälle war die vorhin erwähnte Hungersnoth; die letzte Roms Zerstörung und das vorläufige Ende des westlichen Reiches. Der Reiter auf schwarzem Roß repräsentirt demnach Alarich und dessen Genossen bis auf Totila, der die Reihe schließt. Wein und Oel wurden verschont, da jene nordischen Völker an den Gebrauch derselben nicht gewöhnt waren. Einige erinnern zugleich an die neuen Häresien des Orients im 5ten Jahrhundert, die Irrthümer in die Lehre brachten, aber das Priesterthum und die Sacramente beibehielten; die Lehre wird oft in der Bibel durch das Korn symbolisirt, die Sacramente und das Priesterthum werden passend durch Wein und Oel bezeichnet, wie auf der Hand liegt. Wir können diese Doppelerklärung acceptiren und haben demnach in der 3ten Periode für den Occident wie für den Orient eine besondere Drangsal. Der Nestorianismus und die Monophysiten behielten bekanntlich bis zur Stunde die Weihen bei, aber im 5ten Jahrhundert begann für diese Kirchen die geistige Hungersnoth, das Wort Gottes in seiner Reinheit ward ihnen genommen. Als Attribut des Lammes wird für diese Periode 5, 12 die Weisheit genannt; sie dictirt eben, wann es Zeit ist, ein Reich zu züchtigen und niederzureißen und andere wieder aufzurichten; in den Tiefen dieser Weisheit liegen zugleich die Gründe, welche bestimmend sind für Gott, ganze Länderstriche für Jahrhunderte von dem Baum der heil. Kirche abzuschneiden.

Die zweite Posaune bezeichnet die Gottesgeißel, wie sie die Attila und Alarich darstellten, als einen Stern. Sterne als Symbole großer Herrscher und Weltbeweger sind in allen Sprachen ein geläufiges Bild; eben deshalb führt ein Stern die Magier zum König der Könige nach Bethlehem und deshalb auch erschienen Bischöfe und andere Stellvertreter Christi wiederholt als Sterne. Aber der Stern des 5ten Jahrhunderts sendet versengende Strahlen und sein Name ist Wermuth; dieselbe Bezeichnung der Hungersnoth hat Jer. 9, 15; 23, 15. Die Verwüstung geht aber von jenem Stern über Flüsse und Quellen aus; nach 17, 15 sind die Wasser das Sinnbild der Völker, die Quellen sind daher auf Italien und Rom als Mittelpunkt des römischen Reiches, die Flüsse auf die Provinzen zu beziehen. Der Blitz ist nach 8, 5 das Symbol für diese Verheerungszüge der Barbaren, denn sie wirkten mit rascher Zerstörungswuth und kamen plötzlich über die friedliche Welt. Zugleich waren diese Zeiten große Drangsal für die wahren Gläubigen; denn sie hatten in den Katastrophen mitzuleiden und durch viele Geduld das Bekenntniß des Kreuzes zu bewähren, zumal die Fürsten dieser Periode ausnahmslos der Kirche feindlich gegenüberstanden: ja von 480—518 gab es keinen katholischen König auf der ganzen Erde, alle waren Ketzer oder Heiden.

Die dritte Zornesschale bezieht sich unverkennbar auf die Vollziehung des Gerichtes an Rom, wie die buchstäblich dahin zeigende Erwähnung des vielen Blutvergießens deutlich macht. In Strömen hat Rom das Blut der Heiligen vergossen, darum muß es mit seinem eignen Blut getränkt werden. Odoaker (476), Theoderich (493), Totila (546) waren die Schreckenswerkzeuge Gottes gegen das neue Babylon.

Rom war der größte Feind des christlichen Namens in den ersten Zeiten, darum wird das Gericht über dieselbe Cap. 17 ff. in ausführlicher Weise nochmals beschrieben; es war eben nothwendig, damit das Walten der Gerechtigkeit gebührend hervortrete und gewürdigt werde. 17, 1 ff. ergeht die Einladung, das Gericht über die große Buhlerin zu sehen. Die Barbaren der Völkerwanderung hatten es der Erde gleich gemacht und seine Umgebung in eine Wüstenei verwandelt. Hier in dieser Wüste erblickt Johannes die Buhle. So wird Rom genannt, weil es die Welt von ihrem wahren Herrn, dem Schöpfer Himmels und der Erde, durch Förderung des Götzendienstes und aller Laster, abwandte und fernhielt. Die Menschheit ist eine Braut Gottes; wer sie zum Wiedergöttlichen verführt oder im Bösen stärkt, begeht Ehebruch. Das that Rom, die Götter der Besiegten fügte es den eignen bei und selbst durch die gekrönten Scheusale seiner Kaiser mehrte es die Zahl der göttlich verehrten Geschöpfe; 420 Götzentempel fanden sich allein in der Stadt schon. Rom besaß die Fülle irdischer Macht, es vergab Würden und Kronen; kein Wunder, daß die Völker seine Gunst suchten und jeden Wahnwitz nachahmten. Darum sagt der Seher, daß es ringsum die Völker von dem Schandwein seiner Greuel trunken machte. Als Johannes die Stadt als ein Weib auf einem scharlachrothen Thier erblickte und nicht wußte, was es sei, erklärte der Engel: Ich will dir lösen das Geheimniß (7), das Weib (18) ist die große Stadt, welche herrscht über die Könige der Erde; es ist also Rom gemeint, weil die Herrschaft eben als gegenwärtige, als Johannes gleichzeitig bezeichnet wird; zugleich auch hat die Tradition die Sache stets in diesem Sinn verstanden. An der Stirn des Weibes stand geschrieben: „Geheimniß, das große Babel, die Mutter der Buhlerei und der Greuel auf Erden" d. h. hier ist ein Räthsel zu lösen, nämlich zu sagen, wer dieses Babel sei. Wir wissen es: es war das heidnische Rom; denn der Engel sagt v. 18, es beherrsche die Erde. Der Name Babel war den Christen denn auch für Rom in Hinblick auf seine Schandthaten ganz geläufig; Petrus datirte deßhalb seinen ersten Brief von Babylon, er konnte nicht mißverstanden werden. Das Thier unter dem Weib ist daher das römische Reich; es ist scharlachroth wegen seiner blutdürstigen Natur (6) und voll Namen der Lästerung als Centralpunkt des Götzenwesens, das seiner Natur nach die vollendetste Lästerung des Höchsten ist. Das Weib war bekleidet mit Purpur, Gold und Perlen: es schmückte sich mit den geraubten Schätzen der Völker. In der Hand hielt sie einen Becher voll Greuel und Unreinigkeit, zum Zeichen, daß sie die Menschheit zu jeglicher Bosheit verführte. Die Wasser, auf welchem das Weib saß (1. 17), sind die Königthümer, Länder und Völker, über die es gebot. Es war zugleich als Weltbeherrscherin die Erbin der früheren Weltreiche sowie die Vorgängerin des letzten Gottesfeindes, der am Ende der Zeiten die heidnische Herrschaft erneuern und die zur Zeit noch unbekannten Theile der Erde sich unterwerfen wird.

Deshalb hat das Thier 7 Köpfe, die als Berge und Könige bezeichnet werden: Berge oder Machtsitze sind sie in Bezug auf das Weib, Könige (als Repräsentanten des Reiches) in Bezug auf die unterworfenen Völker. Diese Reiche waren: Egypten, Assur, Babel, Persien, Griechenland als die fünf ersten Reiche; denn es heißt v. 10, das sechste Haupt sei eben jetzt in Johannis Tagen da, das sechste ist also Rom und die fünf ersten, die gefallen seien, die fünf genannten; als siebente Macht ist folglich die für kurzen Bestand (10) bestimmte Zahl der schon von Daniel geweissagten zehn Reiche zu denken, die aus den römischen Provinzen sich bilden sollen und insofern eins sind, als sie (14) gegen das Lamm kämpfen. Die achte und letzte Macht, welche (11) sich aus den sieben entwickelt, ist dann das antichristliche Reich, die der Seher das Thier selbst nennt, weil alle Bosheit der einzelnen Phasen der Weltmacht in ihm potenzirt vereinigt sein wird. Das Reitthier der Buhle trug zehn Hörner zur Bezeichnung der genannten zehn Reiche. Diese Reiche gehen offenbar dem Antichristen als achter Macht unmittelbar vorher: die das weströmische Reich zertrümmernden Völker, obgleich zehn an der Zahl, kommen daher nur als Vorspiel derselben in Betracht: Gothen, Hunnen, Alanen, Vandalen, Sachsen, Burgunder, Franken, Heruler, Sueven, Quaden. Diese Völker mit ihren Fürsten zerrissen zwar die Buhle, dienten aber ihrem Geiste, weil sie nur bewußtlos die Werkzeuge des Herrn waren, persönlich aber im Dienst der Ketzerei (Arianismus), des Götzendienstes und heidnischer Barbarengelüste dem Lamme feindlich gegenüberstanden: so auch ist es mit den jetzt theils schon gebildeten theils in der Bildung begriffenen zehn Erben des alten Römerthums, die gemeinsam, offen und geheim die Wahrheit verfolgen, unbewußt aber zur Läuterung der Gläubigen wirken. Die Darstellung ist also wie in der Weissagung Christi über Jerusalem compler, indem sie die zehn Königthümer beim ersten und zweiten Untergang des römischen Reiches umfaßt; v. 16 f. aber bezieht sich wieder auf die ersteren, die unbewußt Gottes Absichten als Vollstrecker seiner Gerechtigkeit erfüllten.

Cap. 18 bringt die C. 17 angekündigte Zerstörung selbst zur Darstellung. Es ist eine großartige Schilderung, ähnlich der Jesaja's über Tyrus und das alte Babel. Ein Engel mit großer Macht steigt vom Himmel, er soll das Gericht vollziehen. Licht umgibt ihn, denn Gottes Majestät soll sich offenbaren in seinem Werk. Sie ist gefallen, ruft der Engel, und die ganze Erde hört es. Alarich 410, Genserich 455, Odoaker, Totila verheerten, plünderten, verbrannten fie, Totila ließ kein menschliches Wesen in der Stadt, sie war eine Wüste geworden, die Stätte der Dämonen und unreiner Geister, schreckhafter Gespenster und häßlicher Vögel.

Vor der Katastrophe (4) wurden die Gläubigen zur Flucht gemahnt. Die h. Paula zog mit vielen edlen Frauen auf göttliche Offenbarung nach Bethlehem; die h. Melania wurde ebenfalls durch Inspiration belehrt über das nahe Ende und zog mit vielen aus. Papst Innocenz wurde desgleichen durch besondere Fügung Gottes von der Stadt entfernt. Diese Thatsachen sind durch den h. Hieronymus u. A. historisch bezeugt. Heute stehen anderswo ähnliche Gerichte bevor; das Hirtenkind Melania von Lasalette fordert die Menschen auf, Paris zu verlassen und man weiß, daß viele fortgehn; von Marseille und andern großen Orten sagt sie dasselbe. Die Völker (6) sind eben bestellt, die Frevel Babels zu vergelten.

Rom glaubte, es bestehe auf ewig (7, 8): Virgil, Horaz, Florus u. v. bezeugen diesen Wahn, die Götter hatten es verheißen. Deshalb sollen plötzlich alle Drangsale über die Stolze kommen: Hunger, Trauer, Tod, so daß (10) ringsum die Völker klagen über den Fall der Fürstin: die östlichen Provinzen und die entferntesten Städte hielten öffentliche Trauer über den Fall der Weltstadt (Aug. C. D. 1, 33.) Die Kaufleute (11 ff.) jammerten über den Schaden des Handels; der Luxus, den sie beschafften, ging ja über alle Begriffe: Nero's goldner Palast, Caligula's Ausgaben von 150,000 Kronen für ein Mahl, Vitellius' oft tägliche Ausgaben von 40,000 Kronen zum Besten der Tafel, dazu der Schmuck der Weiber, Wagen und Bedienten bei Adel und Bürgern überschritten alles Maß. Desgleichen klagen die Schiffer (17 ff.) die nicht mehr den Gewinn ihrer Fahrten haben. Aber (20) der Himmel jubelt, daß die Gerechtigkeit vollbracht ist an der schuldbaren Stadt. Den Jubelgesang der Himmlischen zur Verherrlichung der göttlichen Gerechtigkeit theilt dann 19, 1 — 5 mit: das Folgende bis zum Schluß von C. 19 ist wieder complex, es enthält zugleich den Jubel über den Fall des Antichristen: bezeichnend ist, daß aber Christus wieder wie 6, 2 als Sieger auf weißem Roß erscheint; es soll angedeutet werden, daß sein Sieg über das Heidenthum der röm. Weltmacht durch das Gericht nun allseitig vollendet ist, ein Beweis zugleich, daß wir 6, 2 richtig auslegten.

Rom also ist nicht mehr, die große Babylon ist gefallen; sie berauschte die Völker mit dem Schandwein. Das hört nun auf. Satan die Seele des heidnischen Rom, hat mit diesem Gericht seine Macht über die Völker als solche eingebüßt, er ist geschlagen — und Gottes Rathschluß ist, daß er 1000 Jahre (Cap. 20) in dieser Ohnmacht bleiben soll; zwar hat er Macht, die Einzelnen zu versuchen in jeder Zeit, aber die abendländischen Völker als solche, welche das Weib auf dem rothen Thier beherrschte, sind für 1000 Jahre geborgen, die Ketzerei wird in Kurzem verschwinden und ein heil. theokratisches Reich wird Gottes Gesetz als höchste Norm für Familie und Staat proclamiren. Beachten wir, daß Odoaker und Totila zwei Punkte darstellen, welche bis auf Luther rund 1000 Jahre ergeben, so liegt zu Tage, daß wir den Apokalyptiker recht verstanden. 20, 4 — 6 heißt es von den Gerechten, welche weder das Bekenntniß noch die Werke des Thieres (kein Zeichen desselben an Stirn oder Hand) hatten, sondern makellos zum Throne Gottes gingen, daß sie mit Christo 1000 Jahre herrschen würden, während die übrigen Todten, die als Genossen des Thieres Gestorbenen, erst nach diesen 1000 Jahren aufleben könnten; dies bedeutet, daß die Seelen der Frommen durch ihren innigen Antheil an der so lange verfolgten und jetzt endlich zu öffentlicher Ehre und Machtstellung gelangenden Kirche in und mit Christo wieder aufleben, gleichsam eine erste Auferstehung haben; wie eben Christus obgleich gestorben, durch die Herrschaft der Kirche im Mittelalter als König von den Völkern anerkannt wurde, so herrschten mit ihm die in der frühern Drangsal selig gestorbenen Frommen; die Bösen aber hatten mit Satan ihrem Fürsten ihr Ansehn verloren, erst nach 1000 Jahren sollten sie ihre Principien wiederkehren sehen und in diesen ihrerseits eine erste Auferstehung feiern; aber die Auferstehung der Erstern ist die bessere, da ihr nicht folgt der zweite Tod oder die ewige Verwerfung des ganzen Menschen. Der h. Johannes spricht von 1000jähriger Herrschaft der S e e l e n; die chiliastische Verirrung hat daher gar keine Stütze in ihm, abgesehn davon, daß die 1000 Jahre bei Joh. dem Antichristen vorhergehn.

---

4. Die vierte Periode.

Von der Adlergestalt oder Daniel geführt schaut Johannes unter d e m 4. S i e g e l einen Reiter auf fahlem Roß, sein Name ist der Tod, und die Hölle folgte ihm nach und er hatte Macht über den vierten

Theil der Erde, zu tödten durch Schwert und Hunger und Tod und Thiere: 6, 7. 8.

Die vierte Posaune aber verkündigte, daß der 3. Theil der Sonne, des Mondes und der Sterne verfinstert wurde und der Tag seinen 3. Theil nicht schien und die Nacht desgleichen: 8, 12.

Die vierte Zornesschale wurde in die Sonne ausgegossen, daß sie quälte die Menschen mit Hitze und Feuer; die Menschen aber, von dieser großen Hitze heimgesucht, lästerten Gott, der Macht hat über diese Plagen, und thaten nicht Buße: 16, 8. 9.

Alle Züge des 4. Siegels zeigen auf Muhamed hin. Sein Roß hat die fahle Farbe des Todes, denn Muhamed wird mehr als Andere Tod und Verderben verbreiten; nicht bloß durch Schwert und Hungersnoth sind seine Wege bezeichnet wie die der frühern Zeiten, er tödtet auch durch den Tod selbst und durch die Thiere. In der vorliegenden Verbindung muß „Tod und Thiere" zu den Mordwerkzeugen gerechnet werden; Muhameds Schaaren müssen über ein vordem unbekanntes Mittel gebieten, das so direct und unbedingt den Tod wirkt, daß es selber metonymisch vor allen anderen Mordinstrumenten der Tod heißen kann. Beachtet man, daß die Muhamedaner zuerst im großartigsten Maaße die Artillerie gebrauchten, so wird jedenfalls das Pulver hier gemeint sein; die „Thiere" bezeichnen die Kavallerie, die stärker als je unter den Muhamedanern zur Geltung kam. Die Hölle folgt dem Reiter und Daniel zeigt auf ihn; denn der letzte und größte Sohn Muhameds, dessen ganze Dynastie eben durch den Reiter repräsentirt wird, ist der Antichrist, auf den bei Daniel die ganze Weissagung über die Weltmächte ausläuft. Nach einem alten Text gebietet der Reiter über alle 4 Theile der Erde, denn Antichrist wird eben Alles beherrschen; vgl. unten. Doch die Schreckensmacht des vierten Reiters wird von dem Lamme überwunden, deshalb ist die Stärke 5, 12 sehr bezeichnend das 4. Attribut des Lammes. Die 4. Periode umfaßt demnach die Aufrichtung des Türken und sie blickt in ihrer Anlage auf die letzte Periode hin, weil deren Herrscher sich aus dem Türkenreich erheben soll.

Die vierte Posaune verkündigt der Kirche eine directe Trübsal. Muhamed hatte sein Absehn unmittelbar auf die Gründung seines Reiches, auf seinem Wege begegnete er aber der Kirche, und nun begann auch der Kampf gegen sie. Das griechische Schisma hat seine Entstehung unmittelbar in der Auflehnung gegen die Kirche. Sonne, Mond und Sterne sind Cap. 12 das Gewand des Weibes, sie bezeichnen also die in die Sichtbarkeit tretende Gottesbraut. Die Photianische Gewaltthat war eine fürchterliche Drangsal für die Stadt Gottes, denn ein Drittel etwa wurde ihr entrissen; es war ein gewaltiger Stoß, der nicht mit Unrecht 8, 5 mit einem großen Erdbeben verglichen wurde. Die 4. Periode beginnt also 622 mit Muhamed, ein zweiter Abschnitt ist durch Photius anno 866 bezeichnet.

Die vierte Zornesschale bezeichnet die Züchtigung der Griechen. Ein Drittel der Sonne und des Sternenhimmels war durch das Schisma verdunkelt, es sollte wieder erhellt werden, aber zunächst nicht, um ein mildes und segenvolles Licht zu erneuen. In die Sonne gießt der Engel seine Schale, um das Feuer zum Werkzeug der Rache gegen die Griechen zu weihen. Schrecklich litten in der That die Griechen durch das Pulver der Türken; 14 Batterien warfen ihr Feuer auf Constantinopel: es war um so entsetzlicher, als die Anwendung der Kanonen erst jungen Datums war. Noch in den letzten Jahren äußerte sich der Geist der Schismatiker voll Bitterkeit und Blasphemie gegen Rom; Papst Nicolaus schrieb prophetisch 1451 an den Kaiser: noch 3 Jahre und ihr gehet unter, wenn ihr nicht Buße thuet. Die Türkennoth nahte, aber noch beim Anblick ihrer Schaaren rief der Feldherr Notaras lästernd, daß er lieber den Turban als den Cardinalshut in Constantinopel sehe. Mitten in den Schrecken des Kampfes beharrten sie in der Lästerung statt durch Buße den Würgengel zu entwaffnen. So ergoß sich die 4. Schale über das östliche, die 3. über das westliche römische Reich; ob nicht die 4te Schale ihren Theil für Rußland noch zurückbehalten habe, um ihn demnächst auszuschütten, wird die Zukunft lehren.

---

5. Die fünfte Periode.

Vier Perioden, schrecklich und hart, sind vorüber; schrecklicher sind die kommenden drei des Protestantismus, des Antichristen und des Weltgerichtes; deshalb kündigt sie als drei Wehe 8,'13 ein Adler an, den Johannes durch die Lüfte fliegen sieht. Es ist nicht die Cherubsgestalt des Adlers, aber ihr Hauptzeichen, der Adler selbst. Denn sein Blick geht bis an's Ende und eingehender als bisher sollen die letzten drei Zeiten beschrieben werden. Daß der Adler ein Vorbild der h. Hildegard sei, die Reformation, Antichristenthum und Weltgericht in ihren Briefen an Kaiser Konrad, den Trierer und Kölner Clerus sowie in ihrem berühmten Werke Scivias so merkwürdig bestimmt zu weissagen berufen wurde, ist durchaus annehmbar.

Nach Entfernung des **fünften Siegels** wurden unter dem Altar des himmlischen Heiligthums, von dem bereits oben Rede war, viele Seelen von Martyrern sichtbar; sie riefen, wie lange der Herr denn noch zögern wolle, ihr Blut an den Erdbewohnern zu rächen, und es wurden ihnen weiße Kleider gegeben mit den Worten, in kurzem werde die Zahl aller Martyrer voll sein und dann komme die. Rache über die Sünder, 6, 9 ff.

Die **fünfte Posaune** meldet, daß ein Stern vom Himmel fiel und den Schlüssel zum Abgrund empfing, der durch den Untergang Roms geschlossen wurde. Er wird nun wieder geöffnet und Rauch steigt auf, der Sonne und Luft verfinstert und Heuschrecken über die Erde sendet, die Macht haben wie Scorpionen, aber nur jene verletzen dürfen, welche das Zeichen Gottes nicht an ihrer Stirn haben, die übrigen können sie quälen fünf Monate, doch nicht tödten. Ein Engel des Abgrundes, Apollyon oder Abaddon d. i. Verderber genannt, stand an ihrer Spitze: 9, 1—12.

Die **fünfte Zornesschale** aber ward ausgegossen auf den Thron des Thieres und sein Reich wurde verfinstert und sie zerbissen sich vor Schmerz die Zungen und lästerten Gott ihrer Schmerzen und Wunden wegen und bekehrten sich nicht von ihren Werken: 16, 10. 11.

Die Martyrerzeit war vor allem die der römischen Imperatoren. Das Blutvergießen um des Glaubens willen war charakteristisch für das erste Zeitalter, dann hörte es im Großen auf bis zur fünften Periode, wo Satan wieder losgelassen wurde. Die Hinmordung der Gläubigen durch die Protestanten, unter welchen die Calvinisten oder Puritaner durch barbarische Grausamkeit sich hervorthaten, ferner die 1592 in Japan beginnende, dann in China und Tonking sich anschließende und bis in die Neuzeit währende Verfolgung, zugleich die unmenschliche Bedrängniß durch Rußland, diese Verfolgungen allzumal haben die Seelen „unter dem Altar" vereinigt; unter demselben erscheinen sie, denn auf ihm haben sie als Brandopfer Gottes ihr Leben dargebracht. Diese Hinmordung aber stand hienieden als ein Triumph der Hölle da, deshalb ruft das Blut um Rache; Gottes Macht und Gerechtigkeit, von den Verfolgern mit Füßen getreten, muß wieder sichtbar werden, deshalb flehen die Seelen, daß den Frelern vergolten werde, damit Gottes unantastbare Majestät ihr Recht bewahre. Aber die Antwort sagt, daß zuvor noch andere Opfer verlangt werden, die Martyrer der folgenden letzten Periode des Antichristen müssen erst vollendet werden; bis dahin sollen sich die Seelen der fünften Periode ihrer weißen Kleider d. h. der himmlischen Herrlichkeit, die ihren Sieg über Satan krönt, erfreun und harren. Das fünfte Zeitalter ist also für die Kirche wieder ein blutiges, die Glorie der Martyrer ist sein Schmuck. Treffend wird 5, 12 die „Ehre" als fünftes Attribut des Lammes genannt; denn nichts ehrt mehr das Lamm als wenn die Gläubigen ihr Blut hingeben für seinen Namen.

Die fünfte Posaune beschreibt den Beginn und Fortschritt der Reformation. Luther, als Priester und Ordensmann ein Stern am Himmel, fällt; seine Genossen sind Priester, sie fallen; ihre Würde überragte alle Erdengröße hoch, wie der Himmel die Erde überragt, darum war der Fall so groß. Das fünfte Siegel zeigte den Ehrenkranz der Kirche im Blut der Martyrer; die fünfte Posaune trompetet den Schmerz der Kirche durch den Verlust zahlloser Seelen und ihre Bedrängniß durch das böse Gestirn der apostatischen Priester. Petrus empfing die Schlüssel des Himmels, Luther empfängt den Schlüssel der Hölle; er schilt Petrus den Antichristen und öffnet den Abgrund und ein Strom von Drangsalen überfluthet die Kirche. Der aufsteigende Rauch bezeichnet den Geist der Verführung, welcher die neue Lehre beherrschte. Glühend war der Rauch, denn mit Hitze, leidenschaftlicher Arroganz und Gewaltthätigkeit wurde die neue Lehre verbreitet. Die Sonne d. h. das Licht des wahren Glaubens und die Luft d. h. die Reinheit der Sitten wurde verdüstert vor den Augen der Menschen durch die falsche Lehre; Gottes Wort ist ja das Licht für unsere Wege nach Ps. 118, 105, und Sittenreinheit bedingt das geistige Leben wie die Luft das leibliche und das Athmen. Gottes Gebote sind nach Luther für den Menschen alle gleich unmöglich (tom. 2. f. 4. de lib. Chr.); Sünden können ihm zufolge Niemanden verdammen (t. 2 f. 171. de capt. bab.); Gott ist nach Luther gerecht, obgleich er solche verdammt, die es nicht verdient haben (t. 2. f. 434. 466.); das Gute wie das Böse in uns ist Gottes Werk (t. 2. f. 444); Glaube ohne Reue wirkt Sündenvergebung, ja die Reue macht den Menschen sündhaft, zum Heuchler (art. 11. c. Leon.) u. s. w. Es ist unnöthig, die sonstigen Schandlehren Luthers, Calvins und dieser ganzen Gesellschaft vorzulegen, sie sind allbekannt. Leser, die noch etwa denken möchten, jene Menschen, die sich Reformatoren nannten, hätten irgendwelche persönliche Sittlichkeit besessen oder nur halbwegs erträgliche Lehren geäußert, mögen die Reformationsgeschichte des Herrn v. Döllinger durchblättern; Redlichkeit liebende Protestanten, deren es in diesem Lande nicht wenige gibt, werden mit Abscheu von ihren bisherigen sog. Kirchen sich abwenden, wenn sie in Erfahrung gebracht, was für Schurken jene waren, die den Protestantismus ins Leben riefen. Doch kehren wir zu unserm Text zurück. Aus dem Rauch, sagt der h. Johannes, kamen Heuschrecken hervor d. h. die falsche Lehre setzte zahllose Sectirer ins Dasein, zahllose Lügenpropheten, die sich gleich einem Heuschreckenschwarm über die Welt verbreiteten. Die Zahl und Gefräßigkeit bildet den Vergleichungspunkt; die Zahl der Secten war hundert Jahre nach Luther schon 270 und heute sind sie kaum mehr zu zählen, wie man aus dem Werke Jörg's über den Protestantismus ersehen kann; die Gefräßigkeit der Heuschrecken aber hat ihr Gegenstück in dem erstaunlichen Zerstörungseifer, den sie gegen die Wahrheit offenbaren, in der unbeschreiblichen Gier, alles Katholische zu vernichten. Oede und Wüstenei, nichts anderes läßt ein Heuschreckenschwarm hinter sich zurück; wohin der Protestantismus seinen Fuß stellt, verdorrt das Gras, geistige Leere, Verwilderung der heil. Sitte, schauerliche Trostlosigkeit der Herzen sind seine Früchte: ein Protestant, der nach Luthers Recepten lebt, ist ein Ungeheuer. Die Heuschrecken bekamen Macht wie Scorpione d. h. zu stechen, Gott ließ es zu, daß sie durch Verleumdung, Uebertreibung, Hinterlist und Gewaltthat die Gläubigen quälen durften; aber verführen konnten sie nur jene, die nicht das Zeichen Gottes hatten d. h. die das Kreuz Christi oder den Kampf gegen Fleisch und Welt und Satan verabscheuten; wer dieses Zeichen hat in Clerus (durch Bäume versinnbildet), Adel (Grünes oder hervorragenderes Gewächs) und Volk (Gras), soll den Heuschrecken nicht zum Opfer fallen. Stets konnten die Katholiken den Protestanten zurufen: von uns zu euch geht nur der Unrath; von euch zu uns gehen alle über, die Tugend und Wahrheit lieben. Den Erfolg anlangend (5), so sollen die Gläubigen wohl gequält, aber nicht getödtet oder ausgerottet werden; zwar wurden Tausende gemordet, Kirchen und Klöster demolirt, gottgeweihtes Eigenthum gestohlen; aber die Hoffnung, die Kirche zu vernichten, wurde nicht erfüllt. Verbannung, Kerker, Confiscation brachte zahllose Menschen zu Bettlern herunter, der Tod schien besser als das Leben und er floh vor den Bedrängten; mit barbarischer Grausamkeit wüthete man gegen Familien und Individuen, der Stich des Scorpions war ein zutreffendes Bild. Zweimal (5, 10) sagt der Apostel, die Verfolgung werde fünf Monate währen; den Monat zu dreißig Tagen und diese nach prophetischer Vergleichungsart als Jahre aufgefaßt, ergäben 2×150 Jahre; die Theilung ist insofern historisch bestätigt, als die Zeit bis 1670 die der ersten Hitze und fanatischen Gluth war, die folgenden 150 Jahre aber trotz aller Bösartigkeit milder erschienen; auch darin spricht die Geschichte für diese Erklärung der Zahlen, daß der Protestantismus seit Beginn unsers Jahrhunders bei den urtheilsfähigen Vertretern die Häresie zum totalen Unglauben fortgebildet hat und ein Protest des Unglaubens gegen den Glauben geworden ist. V. 7 ff. wird eine Beschreibung der Heuschrecken geliefert, die jeden Zweifel über die gemeinte Sache beseitigen muß. Die Thiere glichen Rossen gerüstet zum Streit: der Geist der Auflehnung und Rebellion. Die ihr Leben zur Ausrottung der Bischöfe verwenden, sagte Luther, sind Gottes Kinder; Cardinäle, schreibt er, Päpste und das römische Sodoma sollten wir mit den Waffen vertilgen und unsere Hände waschen in ihrem Blut. Die gleiche Sprache schlug der Reformator gegen Kaiser und Fürsten an. Diese „evangelische Freiheit" gefiel dem Pöbel gar gut; ich sah sie von solchen Vorträgen kommen, meldet Erasmus, mit feurigen Blicken und drohender Haltung, gleich Leuten, die blutige Reden gehört; dieses Volk, fügt er von den Anhängern der Apostaten bei, ist immer bereit, zu disputiren wie zu fechten mit Waffen. Wir wollen nur bemerken, wie ganz anders das Evangelium redet; nicht Mord und Gewaltthat gibt es seinen Boten als Mittel ihrer Predigt in die Hand, sondern es heißt sie, willig Verfolgung zu dulden gleich dem Meister. Auf ihren Häuptern hatten die Heuschrecken Kronen: dies deutet auf die souveräne Verachtung hin, mit welcher sich die Neuerer voll bübische Arroganz über das ganze Alterthum, über gefeierte Namen wie Ambrosius, Augustin u. A. (Luth. c. regem Angl.) erhoben und sogar lästerten, die apostolische Zeit habe das Evangelium nicht besser verstanden denn sie (de evers Jerus.); ferner traten die gekrönten Häupter ihnen bei und unterstützten aus Habsucht oder Wollust ihren Abfall. Weiterhin werden die Heuschrecken in Bezug auf Gesicht und Hinterkopf beschrieben. Das Gesicht glich dem von Männern; die neuen Apostel behaupteten im Alleinbesitz der Wahrheit, Gottes Boten, wahre Charaktere und Helden zu sein. Aber die Maske wurde bald abgerissen: Habsucht, geile Wollust, Rachedurst, jegliche Gewaltthätigkeit lobten und liebten sie; die Autorität des Mannes, welche sie zur Schau trugen, hatte den Stempel semitischer Despoten, die Barbarei und Wollust zu ihren Götzen machten. Ihr Hinterkopf trug Weiberhaare, zum Zeichen ihrer Lüste. Sie bewährten das Wort des h. Hieronymus, daß ein Ketzer nicht keusch sein kann. Zwar affectirten sie mit Manneswürde Enthaltsamkeit und Tugend, aber die Thaten straften die Worte Lügen. Der Pietismus echter Puritaner beweist es bis zur Stunde, um vom Luther und Katharina, Carlstadt, Zwingli, Bucer, Oecolompadius, Cranmer, Heinrich VIII und anderen verliebten Heiligen des Heuschreckenschwarmes nicht weiter zu reden. Wer ohne Weib lebt, kämpft nach Luther gegen Gott: 1 Kor. 7, 8 meint freilich das Gegentheil. Die Heuschrecken heißt es weiter V. 8, hatten Löwenzähne und eiserne Panzer und das Rauschen ihrer Flügel glich dem Rasseln von Reiterwagen mit vielen Pferden: dies ist eine treffliche Zeichnung des polemischen Eifers der Apostaten; mit Lärm und Tumult vertheidigen sie ihre Sache, nicht das Gewicht der Gründe und die Ruhe der Ueberzeugung eignet ihnen, sondern beißende Verläumdung, bewußte Vermengung persönlicher und sachlicher Verhältnisse und frivole Festhaltung des Irrthums trotz der bündigsten und tausendmal wiederholten Gegenbeweise. Abaddon oder Verderben ist der Name des leitenden Teufels und fürwahr wird sich eine genauere Bezeichnung des protestantischen Princips nicht finden lassen. Verwüstung der heil. Lehre, Vernichtung des Sittenlebens, sacrilegische Zerstörung gottgeweihter Stätten, barbarische Hinopferung von Blut und Leben, das sind die Merkzeichen der neuen Apostel; Vandalismus und Protestantismus sind identische Begriffe: von Protestanten, die in Folge einer glücklichen Inconsequenz besser sind als ihr Princip ist hier natürlich nicht die Rede. Die Gräber der Todten selbst schonte ihre Vernichtungswuth nicht. Den Leib des h. Franz v. Paula fanden sie 55 Jahre nach dem Tode des großen Mannes unversehrt; trotzdem gingen sie nicht in sich, sonder schleppten ihn zu Plessis-les-Tours durch die Straßen und verbrannten ihn auf einem Scheiterhaufen, den sie aus dem Holz eines großen Kreuzes hergerichtet hatten. Zu Lyon machten es die Calvinisten ebenso mit den Leib des h. Bonaventura und warfen die Asche in die Saone; die Leiber des h. Irenäus, des h. Hilarius, des h. Martin und in England des h. Thomas v. Canterbury wurden mit derselben Schmach behandelt. Die Darstellung des h. Johannes zeichnet demnach schlagend die abtrünnigen Schaaren, welche seit Luther die Menschheit quälten; und daß nicht heute erst das Zutreffende der Schilderung erkannt wurde, zeigen die Schriftsteller der Vergangenheit: wir wollen als Zeugniß nicht bloß Katholiken nennen, unter welchen Männer wie Bellarmin die gegebene Erklärung mit ihrem Namen vertreten, sondern den gelehrten Protestanten Brian Walton, der im Vorwort seiner Polyglotte sagt: der bodenlose Abgrund scheint nun wirklich geöffnet zu sein, dessen Rauch den Himmel verfinstert, und Heuschrecken mit Stacheln sind herausgekommen, eine zahlose Schaar Sectirer und Ketzer, die die alten Häresien erneuert und obendrein viele eigne monstruöse Meinungen erfunden haben; sie haben unsere Städte, Dörfer, Felder, Häuser und Lehrstühle angefüllt und führen das arme betrogene Volk mit sich in den Abgrund des Verderbens. So Walton.

Bezeichnend ist, daß die 5te Zornesschale auf den Thron des Thieres ausgegossen wird. Es ist also wieder Rede von einem Thron des Thieres auf Erden. Das Thier war bei Daniel wie Johannes die Weltmacht, die als 4te in der Gestalt des römischen Reiches erschien. Vom 6ten bis zum 16ten Jahrhundert hatte das Reich den Thiercharakter, der vernunftlos rohe Leidenschaft walten läßt, verloren. Der Abgrund wurde geöffnet und den Heuschrecken wurden Kronen gegeben; eine Reihe der Fürsten des heil. Römischen Reiches bauten dem Drachen wieder einen Thron und begehrten nichts sehnlicher als ihm die Alleinherrschaft zu verschaffen. Allein die 5te Zornesschale wurde auf den Thron des Thieres gegossen und sein Reich wurde verfinstert und sie zerbissen sich vor Schmerz die Zungen. Der Seher beschreibt hier die fürchterlichen Religionskriege, welche seit Luther ihre Todesschatten über Europa warfen; aber die apostatischen Völker kehrten nicht um, die Zuchtruthe bekehrte sie nicht; sie fuhren fort, Gott in seiner Kirche zu lästern, statt durch ihre Wunden und Schmerzen gebeugt den einen Hirten wieder aufzusuchen; sie zerbissen sich ihre Zungen, sagt der Apostel, und deutet damit an, wie die Verblendeten in Ausschäumung unerhörter Lügen gegen die wahre Kirche in die tollsten Widersprüche unter einander geriethen und von einem Taumelgeist der Hölle besessen Dinge zum Vorschein brachten, die dem unsinnigen Lallen eines Wahnwitzigen glichen, der keine heile Zunge zu haben scheint, um verständlich zu reden: der Widerspruch unter einander und mit sich selbst war das Loos der Reformatoren und ihrer Anhänger bis auf diesen Tag.

6. Die sechste Periode.

Bei Eröffnung des sechsten Siegels entstand ein großes Erdbeben, die Sonne wurde schwarz wie ein härener Sack und der ganze Mond wie Blut. Die Sterne fielen vom Himmel auf die Erde, wie der Feigenbaum vom Sturm bewegt seine unzeitigen Feigen abwirft. Der Himmel wich zurück, alle Inseln und Berge wurden von ihrer Stelle bewegt, Große und Geringe verbargen sich in Höhlen und riefen, die Berge möchten sie bedecken vor dem Zorn Gottes und des Lammes, weil angebrochen sei der große Tag ihres Zornes (6, 12—16).

Nach diesem sah Johannes vier Engel an den Ecken der Erde, welche die Winde hielten, daß sie nicht bliesen über Erde, Meer und Baum; ein anderer Engel rief nämlich den vieren zu, nichts zu beschädigen, bis die Knechte Gottes bezeichnet seien an ihren Stirnen: es wurden aber bezeichnet aus allen Stämmen Israels 144,000, 12,000 aus jedem Stamm (7, 1—8).

Darnach erschien dem Seher eine zahllose Schaar aus allen Völkern in weißen Kleidern und Palmen tragend, vor Gott und dem Lamme standen sie und mit den Engeln, den Aeltesten und den Cherubsgestalten lobten sie den Herrn. Einer der Aeltesten aber erklärte dem Apostel, daß diese aus der großen Trübsal kamen und ihre Kleider wuschen im Blute des Lammes (7, 9—17).

Beim Klange der sechsten Posaune hörte der h. Johannes eine Stimme von den vier Hörnern des goldnen Altares, der vor Gottes Angesicht stand. Die Stimme befahl dem Engel der sechsten Posaune, vier am Euphrat gefesselte Engel loszubinden, die schon gerüstet waren auf Stunde und Tag und Monat und Jahr, zu tödten den dritten Theil der Menschen; ein Reiterheer von zweihundert Millionen stand in ihrem Dienst, feurig und blau und schwefelfarben waren die Panzer der Reiter anzusehen und die Rosse machten den Eindruck als hätten sie Löwenhäupter, und Feuer, Rauch und Schwefel kam aus ihrem Munde; auch in den Schwänzen hatten die Rosse Macht, langgestreckt wie Schlangen waren die Schwänze und bargen Verderben gleich dem Schlangenkopf, der ein Giftbehälter ist: aus dem Maul der Rosse also ging Feuer und Rauch und Schwefel aus und ihre Schwänze bargen diese feurige Todessaat — so zeigte sich im Vorgesicht das Reiterheer der Euphratengel. Ein Drittel der Menschen wurde getödtet von diesen Kriegerschaaren, die Uebrigen aber bekehrten sich nicht (9, 13—21). Darnach erschien ein Engel mit einem offenen Büchlein in der Hand und rief wie ein Löwe brüllt mit gewaltiger Stimme über Land und Meer hin; und dagegen riefen sieben Donner, worauf der Engel seine Hand erhob und schwur, daß die Ewigkeit anrücke und beim Klang der nächsten Posaune die Zeit aufhöre. Der Seher aber bekam symbolisch und dann in ausdrücklichen Worten den Auftrag, zu predigen abermals für alle Völker (10, 1—11). Gleichzeitig wird der Apostel angewiesen, den Tempel Gottes zu messen, aber nicht den Vorhof, der mit der heil. Stadt den Heiden auf zweiundvierzig Monate (=3½ Jahr) zur Zertretung überlassen sei. Henoch und Elias aber würden 1260 Tage (=3½ Jahr) als Prediger auftreten mit großer Wunderkraft, nach Vollendung ihres Zeugnisses durch Gottes Zulassung von dem Thier zwar überwunden und getödtet werden und unbegraben viertehalb Tage liegen auf den Gassen der Stadt, wo ihr Herr auch sei gekreuzigt worden, darnach indeß in einer Wolke gen Himmel steigen vor den Augen der Feinde unter großem Erdbeben, das ein zehntel der Stadt zerstöre und siebentausend Menschen verderbe: darob erschrecken die noch Lebenden und geben Gott die Ehre. Das zweite Wehe ist nun vorüber und das dritte kommt schnell (11, 1—14).

Dieselben Ereignisse, welche die sechste Posaune ankündigt, werden in mehr historischer Form Cap. 13 ff. vorgeführt. Johannes sieht ein Thier aus dem Meer aufsteigen, das sieben Köpfe und 10 gekrönte Hörner trägt sowie eine Wunde an dem sechsten Kopf, die aber geheilt wurde. Die ganze Erde staunte über das Thier und betete es an sammt dem Drachen, der ihm Macht gab. Und das Thier übte Macht zweiundvierzig Monate lang und lästerte Gott und bekriegte und überwand die Heiligen und herrschte über alle Völker, endlich aber mußte es unterliegen (13, 1—11). Das Thier hatte einen Lügenpropheten zur Seite, der durch falsche Wunder die Menschen verführte und durch Gewaltthat: Kauf und Verkauf war nur jenen mehr gestattet, die an der Stirn oder rechten Hand ein Malzeichen des Thieres hatten, dessen Namenszahl die Zahl 666 ist (13, 11—18). Aus den Kämpfen des Thieres gegen die Heiligen gehen als Erstlinge der Märtyrer die bereits oben erwähnten 144,000 Israeliten hervor (14,

1—5); während diese geopfert werden, predigt die Kirche, in der Vision repräsentirt durch einen Engel, fortgehend das ewige Evangelium, den Inhalt des bereits genannten offnen Büchleins, und ruft zur Bekehrung, weil die Stunde des Gerichts gekommen sei (14, 6—7). Soweit die Beschreibung des Streites zwischen dem Thier und den Heiligen. Ein anderer Engel tritt 14, 8 auf mit der Botschaft, das Thier sei gestürzt, sein großes Babylon gefallen.. Ein dritter Engel (v. 9—12) kündigt den Anhängern des Thieres ewige Qual an; nach einer kurzen Frist (13), welche auf die Wegschaffung des Thieres folgt, ergeht das letzte Gericht über die Guten (14—16) und die Bösen (17—20). Unter dem Bild des Reiters auf weißem Roß wird Christi Sieg über den letzten Feind nochmals 19, 11—21 beschrieben, hier aber zugleich im Hinblick auf den ersten Untergang des heidnischen Rom. Eine letzte Darstellung des antichristlichen Kampfes lesen wir endlich 20, 7—10, woran sich v. 11—15 eine kurze Beschreibung des jüngsten Gerichts lehnt.

Die sechste Zornesschale (16, 12—16) ergoß sich auf den Euphrat, und sein Wasser vertrocknete, daß den Königen des Ostens der Weg bereitet wurde. Und aus dem Mund des Drachen und des Thieres und des Lügenpropheten gingen drei unreine Geister hervor wie Frösche, um die Könige der ganzen Erde zu versammeln zum Streite an dem großen Tage des allmächtigen Gottes. Es ist der Tag, der dem Lager des Thieres unvermuthet den Untergang bereitet an dem Orte, der hebräisch heißt Armagedon.

Das sind die Texte über die sechste Periode. Wir befinden uns hier ganz auf dem Boden der Zukunft und vermögen daher nur vermuthungsweise zu sagen, wie sich die Einzelheiten etwa gestalten können. Wir enthalten uns daher füglich jeder nähern Bestimmung des Kommenden und begnügen uns mit Darlegung des Allgemeinen. Unter dem sechsten Siegel (6, 12—7, 17) wird ebenfalls dargestellt, daß die Kirche durch zahlose Martyrer verherrlicht werde, obgleich sie in tiefste Trauer versinke, hohe Würdenträger (Sterne) fallen sehe und alle Welt angesichts der fürchterlichen Drangsale das Ende der Zeiten als bereits angebrochen ansehe. Diese allgemeine Charakterisirung der antichristlichen Periode ist jedenfalls eine zutreffende. Sind aber die der ehrw. Taigi und Canori Mora zugelegten Weissagungen echt, die freilich verwandte Andeutungen bei der h. Hildegard und dem ehrw. Holzhauser (vgl. Curicque zu diesen Heiligen) zur Seite haben, so würde die sechste Periode in naher Zukunft durch eine materielle mehrtätige Finsterniß eingeleitet, in der wie einst in Egypten Dämonen aufträten und viele Feinde der Kirche erwürgen würden; das Gebet zu den heil. Engeln und zur Königin der Engel sowie der Gebrauch geweihter Kerzen soll von den genannten Heiligen als wirksames Mittel in dieser Schreckensnacht empfohlen sein. Auf diese fürchterliche Einleitung, die am Schluß eines allgemeinen (wie es scheint bes. in Europa hausenden) Krieges stattfinden soll, würde den Gläubigen eine kurze Frist der Ruhe vergönnt, um sich auf die Ankunft des Antichristen vorzubereiten; diese Frist, ausgezeichnet durch apostolische Männer und reiche Gnadenverleihung, wäre zur „Bezeichnung der Knechte Gottes" bestimmt d. h. die künftigen Bekenner des Kreuzes würden sich in dieser Zeit durch Gebet und Uebung jeder Tugend rüsten auf die letzte Schreckenszeit, und unter diesen würden die vorhandenen acht Millionen Juden ein Contingent von 144,000 Seelen liefern, die sich unter dem Einfluß der großen Gnaden des Himmels zum Glauben bekehren und in den Tagen des Antichristen für ihn geopfert würden. Herr v. Döllinger meint zwar, die Vertheilung dieser Zahl zu 12,000 auf jeden Stamm sei ein Nonsens, weil die Unterscheidung der Stämme nicht mehr möglich sei; aber der h. Johannes sagt nicht, daß Herr v. Döllinger oder ein anderer Kritiker die 12,000 in jedem Stamme müsse nachweisen können; es genügt, daß Gottes Auge die Stämme zu unterscheiden vermag. Diese kurze Frist der Ruhe soll dann weiterhin die Zeit des großen Monarchen und des großen Papstes sein, von welchen soviel in unsern Tagen geredet und geschrieben wird. Die „große Trübsal," aus welcher die Martyrer (7, 9. ff.) kommen, ist nach traditioneller Erklärung die des Antichristen. Schließlich sei noch bemerkt, daß V. 4 statt Monasses jedenfalls Dan zu lesen ist; denn der Apostel sagt ausdrücklich, daß alle Stämme Israels vertreten waren, also auch Dan; ferner hatte der Stamm Joseph zwei Zweige: Ephraim und Monasses, also müßte Joseph allein oder Monasses ohne Joseph (vgl. v. 8) und mit Ephraim, der gar nicht erwähnt wird, aufgeführt werden. Die Stelle enthält also einen uralten Schreibfehler, womit die Meinung Einiger, Dan sei aus Abscheu gegen den Antichrist, der von Dan abstammen werde, ausgelassen, von selbst wegfällt; man sähe auch kaum einen Grund, weshalb Dan keine Bezeichneten haben sollte, falls wirklich der Antichrist aus ihm hervorgehn würde. Uebrigens spricht sich die Tradition auch nicht in diesem Sinne aus, sie zeigt auf die Türken als Inhaber des oströmischen Reiches hin und bemerkt ausdrücklich, Antichrist würde sich durch Ränke bei den Juden eindrängen und sie glauben machen, er sei ihr Messias.

Die sechste Posaune verkündigt die Drangsal der antichristlichen Zeit; das Siegel zeigte, daß die Gottesbraut durch viele Helden werde gemehrt werden und glänzen; die Posaune meldet, durch welch' schreckliche Kämpfe sie diesen neuen Schmuck erwerben muß. Im Himmel sah Johannes als Symbol des zur Herrschaft über die ganze Erde bestimmten Gottesreiches hienieden einen Altar mit 4 Hörnern; die Stimme von den 4 Hörnern des Altares her war die Stimme der an den 4 Enden der Erde wachenden Engel, die als Schutzgeister der Völker sorgen und beten und warnen, um die Anvertrauten zu Kindern der Kirche, zu frommen Mitgliedern des Gottesreiches zu machen. Jetzt ziehen die Hüter der Königreiche fort wie einst von Babel die Schutzgeister wegzogen (Jerm. 51, 9); denn ihr Arbeiten ist vergeblich, man will sich nicht bekehren. Kurz vor dem Untergang Jerusalems hörte man in der ganzen Stadt Stimmen vom Tempel her, die riefen: weg von diesem Ort; die Menge strömte zum Tempelberg, und siehe, das große Thor im Osten sprang durch unsichtbare Gewalt auf und aus dem Heiligthum ertönten die fürchterlichen Stimmen wieder: weg von diesem Ort! So sah der Apostel hier im Gesicht die Geister ihren Beistand den Völkern nehmen; und sie riefen dem Engel, der die 6te Posaune blies, zu, daß er entfesseln möchte die 4 bösen Geister am Euphrat, damit die ihnen dienenden östlichen Völker (16, 12) aufstehen und heranziehen möchten, ein Drittel der Menschen zu tödten. So stellt sich (9, 16 ff.) ein Heer von 200 Millionen auf; es ist das Heer, welches im Dienst des letzten Thieres (C. 13) streiten soll, um diesem die Weltherrschaft zu erobern. Obgleich eine Lesart 100 Millionen nennt, so ist doch so noch die Zahl so groß, daß die ganze Menschheit ein solches Reiterheer nicht zusammenbrächte, um so weniger bloß die 4 Völker Asiens; gelehrte Erklärer erinnern daher, daß Antichrist nach Daniels Andeutung der letzte Nachfolger Muhameds sein werde, von dem es 6, 8 heißt, daß die Hölle ihm folgte: dies deute an, daß buchstäblich Dämonen als Reiterschaaren für den Menschen der Sünde streiten dürften, wie der Würgengel ehedem gegen Aegypter und Assyrier stritt und wie himmlische Reiter Judas Makkabäus zur Seite standen. Diese Erklärung scheint richtig zu sein. Das Heer besteht ganz aus Artillerie und Kavallerie, wodurch die Türken von jeher so furchtbar waren. Der h. Johannes beschreibt 9, 17—19 dieses visionäre Heer nach der äußern Erscheinung, die er wahrnahm. Er sagt, die

Panzer seien Feuer, Hyacinth und Schwefel gewesen; die Feuerwaffe der Kavallerie sendet von der Brust aus den Tod auf die Feinde und unbekannt mit der Muskete bezeichnet daher der Seher die in der Ferne feuernden Reiterschaaren als mit Feuer, Hyacinth und Schwefel gepanzert. Das Pulver ist bekanntlich eine Mischung von Kohle, Salpeter und Schwefel. Salpeter mit Feuer in Verbindung gesetzt gibt eine feine Purpurflamme ähnlich der Farbe des Hyacinthsteines. Die Kohle aber ist das eigentliche Material des Feuers. Die gewählten Ausdrücke gehen also auf die Bestandtheile des Pulvers nach der äußern Erscheinung beim Abschießen. V. 17 b ff. haben wir eine ähnliche Darstellung des Kannonenfeuers. Das Instrument selbst kennt natürlich der Seher nicht; er sieht es mit den Pferden als eins, da die Armee in einiger Entfernung steht und die Artillerie mit der Kavallerie eine Linie bildet. So sagt er denn, die Pferde machten den Eindruck, als hätten sie Löwenköpfe; dies bedeutet den Donner der Geschütze. Er sagt, die Pferde hätten aus ihren Mäulern Feuer, Rauch und Schwefel gespien; dies enthält eine Unterscheidung des Kanonen- und Flintenfeuers: ersteres entwickelt mehr Rauch, weil die Pulvermischung mehr Kohlenprozente, das Flintenpulver mehr Salpeterbestandtheile hat. In den Schwänzen auch hatten die Pferde Macht, fährt der Seher fort; denn die Schwänze waren Schlangen gleich, deren Köpfe Giftbehälter sind. Er berichtet dann den Ausgang der Schlachten; ein Drittel der Menschen starb, die Uebrigen aber, statt die Drangsal nach Gottes Intention zur Buße zu benutzen, bekehrten sich nicht, sonder trieben Götzendienst und jegliche Unordnung (20. 21).

Cap. 10 versetzt in die Zeit, wo der Antichrist die Herrschaft gewonnen hat und den eben genannten Lastern die Erde unterwirft. In dieser Zeit der Entsittlichung steigt ein mächtiger Engel vom Himmel herab. Er ist mit einer Wolke bekleidet, zum Zeichen, daß Finsterniß, Trübsal und Noth, die Gottesbraut umgibt; aber er hat auch den Regenbogen über seinem Haupte, zum Zeichen, daß Gott seines Bundes nicht vergißt und zur rechten Zeit der Kirche den Frieden wieder gibt; das Ansehen des Engels war wie die Sonne, zum Zeichen, daß die Gottesbraut mit Glanz aus der Verfolgung hervorgehn werde; seine Gestalt endete in feurige Füße, zum Zeichen, daß im Feuer das Ende der Welt sein werde; Land und Meer berührt sein Fuß, zum Zeichen, daß er gekommen ist mit einer Botschaft für die ganze Welt, weshalb auch seine Stimme der eines Löwen verglichen wird. Das kleine Buch in seiner Hand (vgl. 10, 2; 14, 6) ist das Evangelium; es ist offen, weil alle Völker es lesen sollen. Die Gestalt dieses Engels sinnbildet, daß die h. Kirche durch gewaltige Sendboten den Völkern in den Tagen des Bösewichtes die Lehre des Evangeliums vorhalten werde; der ehrw. Holzhauser bemerkt, ein großes Concil werde den Wahrheiten des Evangeliums einen letzten, feierlichen Ausdruck geben. Indem die apostolischen Prediger mit dieser feierlichen Besieglung und Erklärung des Evangeliums unter die Menschen gehn, werden aber 7 Donner gegen sie laut, so furchtbar, daß der Seher sie nicht mittheilen soll: die antichristliche Bewegung scheint 7 entsetzliche Unternehmungen gegen die Gläubigen ins Werk setzen zu sollen, von denen besser ist, im allgemeinen zu wissen, daß sie kommen, als sie im Einzelnen zu kennen. Diese Donner wären geeignet, alle Menschen von Gott loszureißen, wenn es nicht eine Ewigkeit gebe; darum heißt es V. 5 ff., daß der Engel mit hohem Ernst auf das Ende hinzeigt und verkündigt, daß nach dieser Periode, wann der folgende Engel die Posaune (vgl. 1 Kor. 15, 52) blase, die Zeit aufhöre, d. h. die Kirche wird mit größtem Nachdruck die Nähe des Weltgerichts verkündigen und hinweisend auf die Ewigkeit die Lehre des Evangeliums allen vorhalten. Durch ein neues Symbol wird dieser Gedanke 10, 8—11 dargestellt, in welchem der h. Johannes als Repräsentant der Kirche gedacht ist. Der Engel übergibt nämlich dem Apostel das Büchlein, zum Zeichen, daß die Diener der Kirche in der letzten Weltzeit mit neuem Eifer das Evangelium predigen müssen; die willige Entgegennahme des Büchleins bedeutet, daß ein guter Clerus da sein und sich willig dieser harten Aufgabe unterziehen wird. Johannes mußte das Büchlein nehmen und verschlingen und er that es; dies bedeutet, daß die Lehrer der Kirche sich mit einem Eifer um den Inhalt des Büchleins annehmen werden wie ein Hungriger die Speise nimmt. Das Büchlein aber war süß im Munde, zum Zeichen, daß die Verkündung der Wahrheit den Priestern viele Freude bereiten werde; es war jedoch bitter im Magen, zum Zeichen, daß die Ausbreituug des Evangeliums zuletzt eine Quelle der Verfolgung und Leiden für sie werde. Die Mission der evangelischen Boten (ii) geht an alle Völker, denn mitten in der Drangsal soll vorbereitet werden die Erfüllung des Wortes von dem Einen Hirten und der einen Heerde; „wieder" soll der Apostel für alle predigen, denn persönlich that er es das erste Mal, durch seine Mitbrüder thut er es am Ende der Tage zum zweiten Mal. Die Thätigkeit der Kirche zum Heil der Seelen in diesen Zeiten wird weiter beschrieben Cap. 11. Johannes wird beauftragt, den Tempel Gottes zu messen; Zach. 2 begegnet dasselbe Symbol und zwar zur Bezeichnung des geringen Umfangs Jerusalems; es ist daher anzunehmen, der Engel wolle andeuten, daß die Zahl der wahren Gläubigen unter den Schrecken des Antichristen sehr klein, leicht zählbar sein werde. Was außerhalb der Kirche ist, nach alttestamentlichem Ausdruck der Vorhof des Tempels, soll nicht gemessen werden, denn es wird mitsammt Jerusalem auf 42 Monate den Heiden überlassen bleiben: die Massen werden dem Bösewicht folgen. Während so die Heerde äußerst klein ist, kommen Henoch und Elias wieder. Es ist nicht nöthig, zu beweisen, daß die Tradition das wirklich persönliche Wirken dieser beiden dem Tode noch nicht unterworfenen Propheten lehrt; der Nachweis dieses Punktes gehört zu den bessern Theilen des apokalyptischen Commentars von Dr. Stern. Nur die Bemerkung möge hier Platz finden, daß Gott zwei Zeugen für Pharao, zwei auch für Nero und ebenso wiederum zwei für den Antichristen senden will. Zwei Leuchter werden sie genannt, weil sie das Licht des Glaubens verbreiten; zwei Oelbäume, weil sie große Gnade über die Menschheit ausgießen werden. Solange ihre Zeit nicht abgelaufen ist, schlagen sie jeden Widerstand durch Wunder und Zeichen zu Boden; nach Ablauf aber der 1260 Tage läßt Gott zu, daß sie vom Antichristen erschlagen den Tribut des Todes zahlen, und zwar in Jerusalem, wo auch ihr Herr gekreuzigt wurde (11, 8): dieses „auch" deutet an, daß sie am Kreuze sterben müssen. Aber am 4. Tage stehen sie auf von den Todten vor den Augen der Menschen, und eine starke Stimme ruft ihnen vom Himmel zu: steiget herauf; und sie steigen gen Himmel und es sehen ihre Feinde; und ein großes Erdbeben zerstört ein Zehntel Jerusalems und tödtet 7000 Menschen, die Uebrigen aber erkennen jetzt die Wahrheit und geben Gott die Ehre, Antichrist ist gestürzt, das zweite Wehe ist vorüber. Die Väter bemerken, daß dieses Erdbeben den Sturz des Menschenfeindes einschließen werde. Antichrist, sagen sie, werde die Himmelfahrt der Propheten nachahmen wollen, sich durch Teufelsbeistand in die Lüfte erheben, schmachvoll von dem Blitzstrahl des Höchsten getroffen niederstürzen und 7000 seiner Genossen in jenem Erdbeben mit sich begraben. Die Bemerkung, das zweite Wehe sei vorüber, zeigt jedenfalls, daß die Herrschaft des Menschen der Sünde nach Henochs und Elias' Fortgang alsbald ihr Ende erreicht.

Erklären wir noch kurz die Schilderung derselben Ereignisse Cap. 13 f. Johannes steht im Geist am Ufer des Meeres (12, 18), und das Thier steigt aus der See auf. Nach 17, 15 sind die Wasser ein

Symbol der Völker; buchstäbliche Bedeutung aber hat der Ausdruck zugleich, wenn man sich erinnert, daß der Antichrist, den die ganze Tradition in diesem Thier findet, einem jüngern Zweige Muhameds entspringen, von der Krim ausgehn und Constantinopel nehmen soll, um hier im Centrum des alten griechischen Reiches (Dan. 11) seine Wirksamkeit zu beginnen. Die sieben Köpfe des Thieres voll Lästernamen (13, 1) und die 10 Hörner bedeuten, daß im Antichrist alle Macht und Bosheit aller Weltmächte concentrirt ist: Egypten, Assur, Babel, Persien, Macedonien, Rom, Antichrist bilden die sieben Köpfe; die 10 Hörner, obgleich einzelne unabhängige Herrschaften (17, 12), sind Eins als von Einem Geist beseelt und gehen unmittelbar dem Aufkommen des letzten Hauptes voran, es sind die gegenwärtig bereits zum Theil vorhandenen Königreiche auf dem Gebiete des alten römischen Reiches; Cap. 17 werden diese zehn in Rücksicht auf ihre Gleichartigkeit und gleichzeitige Herrschaft als siebentes Haupt dargestellt, so daß der Antichrist selbst als achtes erscheint. Bezeichnend ist, daß Johannes 13, 2 bemerkt, das Thier gleiche einem Panther, habe Bärenfüße und ein Löwenmaul; nach Dan. 7, 3 ff. war der Panther das Emblem des Griechenreiches und es paßt daher trefflich die apokalyptische Darstellung, der Leib sei in dem Symbol Alexanders erschienen, wenn Constantinopel das Centrum des letzten Weltreiches sein wird. Zugleich erfahren wir v. 2, daß Satan, der alte Drache dem Thier seinen Thron und seine Macht verschafft. Ein Haupt des Thieres, das sechste, erscheint dem Seher als tödlich verwundet, wurde aber geheilt und erregte die Bewunderung der Welt; das römische Reich in seiner mittelalterlichen Gestalt verlor die Thiernatur, das böse Princip war durch das christliche Staatensystem des Mittelalters tödlich verwundet, lebte aber mälig wieder auf und nahm im Antichristen die Herrschaft von neuem an sich; es knebelt die Welt dann derartig, daß sie ihm und dem Drachen Anbetung darbringt 42 Monate lang; alle Völker fügen sich dem neuen Götzen, die Heiligen ausgenommen, die in Drangsal und Leid dem Glauben treu bleiben, mit Kerker und Schwert verfolgt werden und nicht vermögen, das Thier zu verjagen die zweiundvierzig Monate lang; doch es kommt die Befreiung und bleibt nicht aus, die Kerkermeister werden ihrerseits eingekerkert und erschlagen werden durch den Hauch des Allmächtigen (10): diese endliche Ueberwindung stützt die Heiligen, daß sie ausharren in der Geduld und im Glauben, während die Welt kurzsichtig genug ist, angesichts der Waffenerfolge (4 vgl. 9, 20) vor dem Thier niederzufallen und es anzubeten. Die zweiundvierzig Monate versteht die Tradition von einer viertehalbjährigen Dauer der antichristlichen Herrschaft, vgl. Chrys. Hom. 49, zu Mt. 24. Nicht ohne Bedeutung ist es, daß Daniel wie Johannes die letzte große Trübsal bald als 1260 Tage, bald als 42 Monate, bald als 3½ Jahr bezeichnen; es soll dadurch angedeutet werden, daß die Drangsal in jedem Moment schwer werde empfunden werden: so groß wird die Pein sein, daß jeder Tag im Gedächtniß bleibt. Daniel 12, 11. 12 ist noch eine Frist von dritthalb Monaten hinzugefügt; wahrscheinlich, weil nach viertehalb Jahren eine Auflehnung der Völker (Dan. 11, 44) beginnt, die nach 2½ Monat durch wunderbares Eingreifen Gottes (Ap. 20, 9) zum Sturz des Tyrannen führt.

Während das Thier mit Waffengewalt alles besiegt, geht ein Lügenprophet als sein Apostel durch die Welt. Macht der Rede und teuflische Wunderkraft werden durch zwei Hörner symbolisirt, welche diese andere Bestie trägt, um dem Drachen und dem ersten großen Thier, dessen Haupt verwundet war, die Anbetung der Völker zu erwerben. Das Wundsein und Geheiltwerden des Thieres wird hier ein zweites Mal erwähnt; es legt sich dadurch die Vermuthung nahe, die moralische Niederlage des Thierprinzips im heil. römischen Reich werde auch physisch irgendwie an der Person des Antichristen zur Geltung kommen; wirklich berichtet die h. Hildegard, er werde tödlich in einer Schlacht verwundet, aber von dem Lügenpropheten durch ein Teufelswunder so scheinbar plötzlich geheilt werden, daß die leichtfertigen Massen darin eine Art Zeugniß vom Himmel finden würden. So sehr wird in den Tagen dieser Thiere die Wahrheit gedrückt sein, daß Niemand einmal die nöthigen Lebensmittel kaufen oder verkaufen darf, der nicht ein Zeichen trägt, daß er zu den Genossen des Bösewichtes gehöre: man wird den Menschen den Namen des Thieres in Zahlen oder Buchstaben auf Hand oder Stirne prägen, der Zahlenwerth des Namens ist aber 666, und der Seher fügt bei, wer Verstand habe (wer es könne), möge die Sache berechnen (13, 18): beim Auftreten des Antichrist wird diese Berechnung leicht sein, da sein Name nach dem hebräischen oder auch griechischen Alphabet die Zahl 666 enthalten wird; die griech. Handschriften schreiben die Zahl mit den Buchstaben Chi, Xi, St, was eine Verstümmlung des Namens Christi ergiebt und viell. die Tradition enthält, Antichrist werde sich als den Erlöser aufstellen, in Wahrheit aber dessen Zerrbild sein, wie der „Verderber" 9, 11 das gerade Gegentheil des h. Namens Jesus ausdrückt: Luther war kein Soter in seiner Soteriologie, sondern ein Sother (aram.=Abaddon, Verwüster).

Das 13. Capitel führte uns so zu sagen in die Werkstätte des Thieres. Im 14. Capitel wird uns ein tröstliches Bild aus derselben Zeit gezeigt. Das Lamm erscheint auf dem Berge Zion, umgeben von 144,000 Seelen, die als Jungfrauen bezeichnet werden, weil sie mit dem Thier keine Gemeinschaft hatten; denn Götzendienst und Abfall jeglicher Art von Gott ist in der biblischen Sprache Ehebruch und Unkeuschheit. Warum steht das Lamm auf dem Berge Zion? Weil die 144,000 aus der Mitte des Judenthums hervorgingen; zubereitet durch die Predigt h. Männer sahen sie die Bosheit des Aftermessias, und sie blickten auf denjenigen, welche ihre Väter durchbohrten, und gaben ihr Blut für das Lamm als Erstlinge der Menschen, welche Gott dienen; Israel ward stets als Erstling von den Propheten bezeichnet, zuerst sollte es den Erlöser sehen und seine Liebe mit Gegenliebe vergelten; diesen Ehrenname des Erstlings will auch der Apostel hier den Spätbekehrten gewahrt wissen: denn die Erstlinge sind Israels Kinder der Bestimmung nach. Während diese Heldenschaar mit den Genossen (7, 9—15) das Lamm erfreut, gehen nach 13, 8 die Massen unter Juden und Christen mit den Heiden zum Feinde über, weshalb die Kirche mit aller Kraft zu predigen genöthigt ist; diese fortgesetzte Predigt des Evangeliums wird (14, 6) wiederholt hervorgehoben, sie ergeht unermüdlich bis zum Sturz des Tyrannen. Dann aber erschallt die Siegesbotschaft (14, 8), daß gefallen das große Babylon, die Hauptstadt des Wütherichs und damit seine ganze Herrschaft; es liegt um so näher, wiederum an Constantinopel zu denken, als die Prophetie 18, 20 ff. den Sturz des ersten wie des letzten Rom zu feiern scheint und in passender Anspielung auf die Lage der Stadt am See bemerkt, daß sie wie ein Mühlstein ins Meer geworfen werde, daß nichts davon übrig bleibe wegen der begangnen Frevel und des vergossenen Blutes der Heiligen, weshalb dann der Himmel jubelt, daß besiegt der Feind und die Hochzeit des Lammes, seine Vereinigung mit den Gerechten für immer, angebrochen sei (19, 1 ff.). Nach der Bemerkung 14, 9—12, daß die Kirche mit der Predigt des Evangeliums allen Anhängern des Thieres ewige Strafe verkündige und die kommende Vergeltung ein großes Motiv für die Gläubigen zur Beharrlichkeit sei, wird v. 13 angedeutet, daß von dem Sturz des Antichristen bis zum Gericht eine kurze Zeit verfließe und glücklich seien, die in dieser Zeit der Ruhe selig im Herrn stürben;

sie erleben eben die schönen Tage des Einen Hirten, da die Welt Juden und Heiden) durch große Lehrer wie Elias und Henoch sowie durch die schmähliche Niederlage des Princips der Gottlosigkeit zur Einsicht gelangt ist, sich bekehrt hat, nun der Fülle der Geistesgaben (Joel 2, 28 ff.) sich erfreut und selbst die irdischen Güter (Joel 3, 17—20) in Blüthe sieht. Etliche Decennien vergehn in solchem Glück, aber leider wird menschliche Unbeständigkeit wieder den Rückfall in große Sorglosigkeit bewirken (Mat. 24, 37 f.); daher die Warnung Mat. 24, 42. 44, zu machen, denn unverhofft kommt der Herr und öffnet das siebente Siegel.

Die sechste Zornesschale (16, 12 ff.) ergießt sich über den Euphrat, um den Orientalen den Weg gen Westen zu bereiten. Zugleich wird gesagt, daß drei unreine Geister über die Welt gesandt würden, um die Völker zum Kampf gegen Gott zu rufen. Diese Momente, direct auf die Unterstützung des Antichristen abzielend, schlagen zum Verderben desselben um; die Mittel seines Sieges werden Mittel seines Verderbens: deshalb sind sie zugleich der Inhalt der den Feinden bestimmten Zornesschale. Wie sich die Sache gestalten werde, läßt sich mit natürlichen Augen nicht absehn. Jedenfalls trifft der Ausgang mit den letzten Schicksalen Henochs und Elias' zusammen und ist selber der Untergang des Menschen der Sünde. Der Ort seines Verderbens heißt Harmageddon d. i. Berg Mageddon; ist die Meinung der Alten, der Antichrist ende auf dem Oelberg, Ausdruck der Tradition, so könnte in dem Namen eine Antithese zu der Vorzeit Israels liegen: Israel erlitt eine schreckliche Niederlage im Thal Mageddon, als der Egypter siegte; ein Mageddon des Triumphes wird der Oelberg sein. Erwähnt sei noch, daß die drei Geister Frösche genannt werden, weil sie zu Wasser und zu Land die Welt durchziehn, um zu werben gegen Gott; daher eben wie es scheint die Wahl einer Amphibiennatur. Unverhofft rasch kommt im Uebrigen der Sturz des Bösewichts; daher 16, 15 die Mahnung an die Völker, das Gericht über denjenigen, den sie als unüberwindlichen König betrachteten, werde wie ein Dieb in der Nacht einbrechen; man möge sich also hüten und nicht in Vertrauen auf den Bestand seiner Sache Gott verlassen. Eine prächtige Schilderung des Sieges Jesu Christi bietet 19, 11—24; mit Wahrscheinlichkeit läßt sich aus v. 17 ff. und Dan. 11, 44 schließen, daß eine Spaltung unter den Gottlosen anbricht kurz vor dem Ende des satanischen Weltbeherrschers: denn so würde sich erklären, daß die Völker aufgerufen werden, das Fleisch feiner Könige, Fürsten u. f. w. zu fressen d. h. seine eifrigsten Genossen zu verderben. Schließlich wird bemerkt, das Thier und sein Lügenprophet seien geworfen in den ewigen Feuerpfuhl. Anläßlich des tausendjährigen Reiches wird eine letzte kurze Beschreibung der sechsten Periode 20, 7—10 gegeben: nach Ablauf der 1000 Jahre wird Satan zur Zeit der „Reformation" entfesselt, um mälig den letzten Sturm vorzubereiten; dann wird er ausgehn und alle Völker verführen und zum Streit gegen das Reich Gottes zusammenschaaren, besonders den Gog und Magog, zwei dem Propheten Ezechiel entlehnte Bezeichnungen der orientalischen und nordeuropäischen Bundesgenossen des Menschen der Sünde; sie umringen die geliebte Stadt d. i. die Kirche Gottes und bedrängen die Heiligen, bis Feuer vom Himmel sie verzehrt und allesammt, den Drachen mit dem Thier und dessen Lügenpropheten, in alle Ewigkeit in dem Schwefelpfuhl vereinigt.

7. Die siebente Periode.

Diese Periode beginnt mit dem jüngsten Gericht und umfaßt die ganze Ewigkeit. Bei der Eröffnung des siebenten Siegels wird sie angekündigt durch die Pause einer halben Stunde (8, 1): diese Pause bezeichnet die Mittheilung des göttlichen Rathschlusses über die letzten Ereignisse an die Himmelbewohner, besonders jene, die als Werkzeuge des Herrn den Rathschluß ausführen sollen.
Darnach ward die siebente Posaune geblasen (11, 15—19): die Zeit sei gekommen, daß die Todten gerichtet würden. Sofort öffnet sich das Allerheiligste des Himmels und die Lade des Bundes wird sichtbar d. h. es wird gezeigt, daß Gottes Rathschlüsse bezüglich der Heiligung der Menschheit vollendet, alle seine Verheißungen erfüllt, alle Erbarmungen gespendet seien und das Ende daher kommen muß; alsbald entstanden demgemäß Blitze und Stimmen, Erdbeben und Hagel zur Einleitung des Endes.
Die siebente Schale ward in die Luft gegossen (16, 17 ff), denn die ganze Schöpfung, nicht bloß die untere, soll ihre Gestalt verlieren. Mächtige Stimmen rufen: es ist geschehn, der Rathschluß vollendet! Und es folgten Blitze und Donner und ein Erdbeben, das Jerusalem in 3 Theile zerriß und die ehedem heidnischen Städte des=

gleichen zerstörte; auch des großen Babel (Rom, Constantinopel) ward wieder gedacht: obwohl es längst nicht mehr stand, trat es wieder in Gottes Erinnerung und erneuerte so zu sagen den Beschluß, daß nunmehr die Fülle der Strafe alsbald ihm ausgetheilt werden solle. Die ganze Natur geräth in Bewegung, Inseln und Berge verschwinden und centnerschwerer Hagel tödtet die Menschen, die lästernd in großen Haufen den Geist aufgeben. Das ist der Jammer und das Wehgeschrei aller Nationen, das nach Matthäus vor dem Gericht über die Erde geht; die Menschen werden in großen Schaaren unvorbereitet gefunden, daher das Lästern unter den einbrechenden Schrecken.

Dann beginnt das Gericht (20, 11. 12): die Erde ist fortgerückt aus dem Gesichtskreis; die Todten erscheinen fern von ihrer irdischen Stätte vor dem Thron des Richters und Bücher werden aufgeschlagen, eins mit dem Verzeichniß aller Werke, ein anderes mit den Namen der Auserwählten. Und alle Todten, die das Meer verschlungen hatte oder die geruht hatten in der Erde, empfingen nach ihren Werken, der Tod ward abgethan für immer; die nicht im Buch des Lebens Eingeschriebnen wurden geworfen in den Feuerpfuhl, die Andern wurden theilhaftig der seligen Ewigkeit, die der Seher in einem großen Gemälde voll reizender Farben C. 21. 22 beschreibt. Ein anderes allegorisches Bild des Gerichtes wird 14, 14 — 20 vorgelegt: zwei Engel werden bestellt zur Menschenernte; die Guten werden eingeheimst in die Tenne des Himmels, die Bösen werden in die Kelter des Zornes geworfen, außerhalb der Stadt Gottes d. h. des Himmels: dort werden sie gekeltert und ihr Blut floß aus der Kelter bis an die Zäume der Pferde 1600 Stadien weit. Der Engel erscheint als Winzer; er wirft in die Zornkelter alle, welche außerhalb der h. Stadt sind, also die Bösen und preßt ihnen aus das Blut, daß es einen ganzen See bildet, dessen Länge der Ausdehnung des h. Landes entsprechend angegeben wird, weil die Kirche Gottes ganz mit dem Blut der Heiligen angefüllt worden ist und daher gerächt werden muß mit gleichem Maß. Man kann nicht ohne Schaudern diese Gemälde über die ewige Vergeltung lesen. Sie sind aber ein Geschenk der Güte Gottes, das wir benutzen mögen zu unserm Heil eingedenk des Wortes der Schrift: Gedenke o Mensch deiner letzten Dinge, und du wirst in Ewigkeit nicht sündigen. —

Das Resultat unserer Untersuchung geht dahin, daß der Antichrist im Laufe des folgenden Jahrhundertes erscheinen und die Weltherr=

schaft besitzen wird; daß die Menschheit durch aufrichtige Bekehrung diese Geißel zwar abwenden kann, daß aber Angesichts der allgemeinen Auflehnung gegen Sittlichkeit und Glauben nicht einmal Aussicht vorhanden zu sein scheint, daß die Ankunft dieses furchtbarsten aller Despoten von der nächsten Generation auf eine spätere hinausgeschoben werde. Die weitere Betrachtung ergab, daß der Sohn des Verderbens als ein kleiner Fürst den Besitz von Constantinopel erlangen und als türkischer Sultan die Bestandtheile des alten Römerreiches, das ganze Abendland und endlich die ganze Erde sich unterthan machen werde. Das Wort bei Lactantius (i. 7, 15), die Erwartung der Alten sei, daß die Herrschaft wieder zum Orient zurückgehe, erhielt seine Stütze durch Daniel, desgleichen in der Apokalypse an mehreren Stellen; die Vorgesichte in Rheinland und Westfalen enthalten die merkwürdige constant im Volke fortlebende Verkündung, daß der Türke in diese Striche kommen und den Dom zu Köln in einen Pferdestall umwandeln werde; desgleichen erzählt die türkische Ueberlieferung von der kommenden großen Ausdehnung des Reiches über die ganze Erde. Die große Bewegung scheint nach Dan. 11 durch Aegypten in Fluß gebracht zu werden; wenn der neue Sultan Constantinopel genommen, dürfte Aegypten die gegenwärtig mit allen Mitteln angestrebte Unabhängigkeit zu gewinnen resp. zu behaupten suchen und darin von den westlichen Mächten unterstützt werden. Das regt die "orientalische Frage," die lang studirte, an; aber der neue Sultan sammelt seine Schaaren und nimmt durch infernale Kräfte unterstützt in raschem Siegeslauf die ganze Welt (Dan. 11, 40 ff.) Den Juden stellt er sich als Messias vor und findet bei der Masse Glauben (Joh. 5, 43). Er verlangt jetzt Anbetung, eine kleine Schaar Bekehrter aus Juda nebst vielen Christen aller Völker weigert sie ihm, die Massen aber fügen sich und verfolgen die Knechte Gottes. Nach viertehalbjähriger Herrschaft brechen Unruhen aus, die wie es scheint in rascher Entwicklung nach drittehalb Monaten (Dan. 12, 11. 12) den Sturz des Bösewichtes zur Folge haben. Jetzt gehen Allen die Augen auf: Juden und Heiden und gefallne Christen bekehren sich, es ist Ein Hirt und Eine Heerde. Eine glückliche Periode, aber von kurzer Dauer, erfreut dann die Erdenbewohner, bis plötzlich das Gericht, abermals inzwischen durch viele Zeichen angekündigt, der Zeit für immer ein Ende macht.